김병욱의 성남 산책

Image Credit

최정호(분당꽁지) 6·7·32·33·63·75·86·139·179·194·195·232·240·241·266·267쪽 / **개인** 38·96·97·100·104·112·124·175·261·288·296·307·309·319·327쪽 / **경기도청** 160쪽 / **광주시청** 4쪽 / **성남시청** 50·70·81·106·133·153·171쪽 / Wikimedia Commons, CC BY-SA 4.0 © King of Hearts 197쪽(상) / © Reda Kerbouche 197쪽(하) / © Sandro Halank 201쪽(상) / © Wilsons Aviation Adventures 201쪽(하) / © PA 213쪽

김병욱의 성남 산책

김병욱 지음

메디치

西
東
浮来島
汝火島
彦州面
中垈面
龜川面
西部面
東部面
北方面
義谷面
樂生面
月谷面
突馬面
五浦面
慶安驛
退村面
草月面
實村面
都尺面
金沙面
豐德驛
奉安驛
堂長島
屯地
楊州界
果川界
破城基地
古邑基
地屬廣州
民僑漢城府

〈광주부지도〉(1872년)

1866년 병인양요와 1871년 신미양요 이후 조선은 외세의 위협에 대응하기 위해 전국의 지형과 행정 실태를 체계적으로 파악할 필요성을 절감했고, 이에 따라 각 군현의 지리지와 군현지도를 제작했습니다. 1872년에 완성된 〈광주부지도(廣州府地圖)〉 역시 이러한 국가적 요구 속에서 만들어진 대형 채색 지도(102×72cm)로, 경기도 광주부, 즉 오늘날의 성남·광주 일대의 지형과 행정구역, 도로와 산천, 관아와 역원, 주막까지 상세히 담고 있습니다.

이 지도에서 특히 두드러지는 것은 읍치로서의 남한산성이 실제보다 크게 표현된 점입니다. 이는 남한산성이 단순한 행정 중심지를 넘어 국가적 군사 요충지로 인식되었음을 보여줍니다. 실제로 남한산성 안의 광주군 중부면 산성리는 1917년까지 지역의 중심지 역할을 했습니다. 〈광주부지도〉는 이러한 공간 인식과 함께 당시의 지형과 마을 분포, 교통망을 비교적 정확히 전해주는 자료로, 19세기 후반 성남·광주 지역의 현실을 이해하는 데 중요한 역사·지리적 가치를 지닙니다.

남한산성에서 바라본 성남시의 전경과 청계산

남한산성에서는 원도심과 분당의 모습이 한눈에 보입니다. 역동적인 도시 성남은 끊임없이 새로운 모습으로 변하고 있습니다.

추천사

문헌학자가 성남을 다시 걷는 이유

김시덕
도시문헌학자

김병욱 전(前) 청와대 정무비서관께서 성남에 대한 책을 집필하신다는 소식을 들었을 때, 저는 이 도시를 연구 대상으로 삼아 온 한 사람으로서 기꺼이 이 글을 보태고 싶다는 마음이 들었습니다. 이 책이 단순한 지역 서사가 아니라, 성남이라는 도시가 품고 있는 시간과 책임, 그리고 미래에 대한 사유를 담고 있기 때문입니다.

저는 문헌학을 공부해 온 연구자이자, 서울에서 태어나 삶의 상당 부분을 경기도에서 살아온 사람입니다. 이러한 이력의 저에게 성남은 늘 특별한 도시였습니다. 성남은 1960년대 말, 서울이 감당하지 못한 인구를 받아들이며 태어났고, 이후 분당신도시와 판교신도시를 거치며 서로 다른 시대적 요청과 사회적 계층이 중첩된 도시로 성장해 왔습니다. 이처럼 성남은 경기도의 도시이면서 동시에, 서울 바깥에 존재하는 또 하나의 서울이라 할 수 있는 독특한 성격을 지니게 되었습니다.

이 도시의 형성 과정은 결코 단순하지 않았습니다. 자발적 이주와 비자발적 이동, 계획과 우연, 성장과 갈등이 켜켜이 쌓여 오늘의 성남을 만들었습니다. 그래서 저는 서울 시민 역시 성남의 과거와 현재, 그리고 미래에 대해 일정한 책임과 관심을 가져야 한다고 생각해 왔습니다. 저 자신 또한 다시 경기도로 삶의 터전을 옮기며, 성남 시민들의 모습에서 제 삶을 비추어 보게 되었습니다.

답사를 업으로 삼은 이후, 성남은 자연스럽게 저의 중요한 연구 대상이 되었습니다. 반년에 한 번쯤은 성남의 한 지역을 천천히 걸으며 살피고, 동료들과 식탁에 앉아 도시의 얼굴을 이야기합니다.

최근에는 분당구 구미동을 답사했습니다. 행정 경계의 끝자락에 위치한 이 지역의 풍경은, 서울과 경기도의 경계에서 출발해 독자적인 도시로 성장해 온 성남의 역사와도 닮아 있었습니다. 변전소와 배수장, 공원과 시장이 공존하는 그 풍경은 성남이라는 도시의 본질을 압축해 보여주었습니다. 성남의 오늘을 바라보며 문득 성경의 한 구절을 떠올렸습니다.

"네 시작은 미약하였으나 네 나중은 심히 창대하리라."

종교가 없는 제게도 이 문장은, 성남이 지나온 시간과 지금의 모습을 설명하기에 충분한 울림을 지니고 있었습니다. 이 책을 읽는 여러분께 한 가지 권하고 싶은 마음도 있습니다. 우리가 사는 도시를 깊이 이해하기 위해서는, 다른 도시들을 함께 아는 일이 필요합니다.

"자기 나라만 알고 있는 사람은 자기 나라를 모른다."

영국의 비평가 체스터턴(G. K. Chesterton)의 말처럼, 비교의 시야 속에서만 비로소 자기 도시의 문제와 가능성이 또렷해집니다. 김병욱 님의 이 책은 바로 그 시야를 성남에 제공하는 책입니다.

여러 도시를 답사하고, 여러 나라의 사례를 살피는 과정에서 저는 결국 다시 성남으로 돌아오게 됩니다. 성남은 그만큼 독특하고, 그만큼 많은 질문을 던지는 도시이기 때문입니다.

이 책의 가장 큰 미덕은, 성남을 하나의 완결된 답으로 제시하지 않는다는 점에 있다고 생각합니다. 김병욱 님은 도시를 단정하지 않고, 대신 질문합니다. 우리는 어떤 성남을 다음 세대에 건네고 싶은가, 성장 이후의 도시는 무엇으로 평가받아야 하는가, 그리고 도시의 속도보다 사람의 삶을 앞에 두는 선택은 가능한가.

이 책은 정책의 나열이 아니라, 도시를 책임지는 사람의 태도를 보여줍니다. 그렇기에 이 책은 성남을 이미 알고 있다고 생각하는 사람에게도, 아직 잘 모른다고 느끼는 사람에게도 모두 필요한 책입니다. 성남이라는 도시를 한 번 더 깊이 들여다보고 싶은 모든 독자에게, 저는 이 책을 자신 있게 권합니다. 이 책이 성남을 사랑하는 시민들, 그리고 이 도시의 미래에 관심을 가진 모든 이들에게 깊은 사유의 출발점이 되기를 바랍니다.

도시는 사람의 시간을 품는다

우원식
국회의장

도시는 하루아침에 완성되지 않습니다. 누군가의 삶이 차곡차곡 쌓이고, 수많은 선택과 기대가 겹치며 비로소 하나의 얼굴을 갖게 됩니다. 그래서 도시를 이야기한다는 것은 결국 그 안에서 살아온 사람들의 시간을 돌아보는 일과 다르지 않습니다. 《김병욱의 성남 산책》이 특별한 이유도 여기에 있습니다. 이 책은 성남을 정책의 도표가 아니라, 삶의 결로 다시 읽어내고 있습니다.

김병욱 전 청와대 정무비서관은 말보다 결과로 자신을 증명해 온 정치인입니다. 8년 연속 국정감사 우수의원 선정, 국회 정무위원회 간사, 국정기획위원회 경제1분과 위원으로서의 경험은 그가 숫자와 구조, 그리고 민생의 무게를 동시에 다뤄온 인물임을 보여줍니다. 특히 노후계획도시 정비특별법을 대표 발의해 현실로 이끌어낸 과정은, 복잡한 이해관계를 조율하며 끝까지 책임지는 정치가 무엇인지를 분명히 드러낸 사례였습니다.

그러나 이 책의 진정한 가치는 이력의 나열에 있지 않습니다. 《김병욱의 성남 산책》에는 책상 위에서 구상된 도시가 아니라, 직접 걷고 보고 듣고 고민하며 마주한 성남의 풍경이 담겨 있습니다. 성남 원도심의 오래된 골목에서 분당과 판교의 빠르게 변하는 거리까지, 그는 도시를 훑어보지 않고 결을 따라 걸었습니다. 그 과정에서 던진 질문과 멈춰선 순간들, 그리고 쉽게 결론을 내리지 않으려 했던 고민이 문장 곳곳에 스며 있습니다.

도시를 사랑하는 방식에도 균형이 필요합니다. 지나친 미화도, 냉소적인 거리두기도 아닌 태도, 김병욱은 성남을 그런 시선으로 바라봅니다. 그래서 그의 글은 뜨겁지만 과장되지 않고, 비판적이되 차갑지 않습니다. 이 책은 성남을 자랑하기 위한 기록이 아니라, 앞으로 무엇을 더 책임져야 하는지를 묻는 사유에 가깝습니다.

입법부와 국정의 중심을 모두 경험한 그의 시간은 이제 도시의 미래를 설계하는 데 쓰이고 있습니다. 그 경험이 현장의 감각과 만날 때, 정책은 비로소 사람의 삶에 닿게 됩니다. 《김병욱의 성남 산책》은 성남 시민을 위한 책이면서 동시에, 대한민국의 도시가 어디로 가야 하는지를 고민하는 모든 이에게 유효한 안내서입니다. 성장과 개발의 언어에 익숙한 독자들에게 이 책은 '어떻게 살아갈 것인가'라는 질문을 도시의 언어로 다시 건넵니다.

이 책에는 서둘러 내린 결론도, 단순한 해답도 없습니다. 대신 골목을 걸으며 품었던 의문들, 현장에서 쉽게 지나치지 않았던 선택의 순간들이 차분히 쌓여 있습니다. 그런 점에서 이 책은 도시를 바꾸기 위한 설계도라기보다, 도시를 이해하기 위한 기록에 가깝습니다. 도시를 사랑한다는 말이 어떤 책임을 요구하는지, 정치가 삶 앞에서 어떤 자세를 가져야 하는지를 독자 스스로 묻게 만듭니다.

이 책을 따라 걷다 보면, 독자들은 한 정치인의 생각을 읽는 데서 멈추지 않고 한 도시의 과거와 현재, 그리고 조심스럽지만 분명한 미래의 방향을 함께 바라보게 됩니다. 성남이라는 구체적인 공간에서 출발한 이야기는 결국 우리가 살아가는 모든 도시의 질문으로 확장됩니다.

어떤 도시에 살고 싶은가, 그 도시를 위해 우리는 무엇을 선택해야 하는가. 이 물음 앞에서 《김병욱의 성남 산책》은 답을 앞세우지 않습니다. 대신 독자 곁에 조용히 앉아, 함께 걷고 함께 생각하자고 권합니다. 도시를 바꾸는 힘은 거창한 구호가 아니라, 매번의 선택을 외면하지 않는 태도에서 나온다는 사실을 이 책은 담담하게 보여줍니다. 그래서 이 책은 읽고 끝나는 책이 아니라, 읽은 뒤에도 오래 남아 스스로의 선택을 돌아보게 만드는 기록입니다.

변화의 속도와 더불어 방향을 고민하는 순간마다, 이 책을 다시 펼쳐볼 이유가 충분합니다. 도시의 내일을 진지하게 고민하는 사람이라면, 이 책은 한 번 읽고 덮을 대상이 아니라 곁에 두고두고 다시 펼쳐볼 만한 동반자가 될 것입니다.

성남, 살아 움직이는 도시의 역사

제게 성남은 무척이나 흥미로운 도시입니다. 살면 살수록 애정이 깊어지고, 오래 지켜봤다고 생각한 순간에도 전혀 다른 얼굴을 보여줍니다. 그 누구도 이 도시를 단번에 이해했다고 말할 수는 없을 겁니다. 성남이라는 도시는 이해했다고 생각하는 순간, 완전히 새로운 질문을 접하는 일을 몇 번이나 겪었습니다. 그래서 성남에서 오래 살수록 저 또한 이 도시에 대해 함부로 단정하지 않습니다. 볼수록 애정이 깊어지고, 익숙해질수록 새로운 얼굴을 내미는 도시인 성남은 늘 현재형으로 존재합니다.

저는 성남 시민으로, 성남에 뿌리를 둔 정치인으로, 성남을 사랑하는 한 사람으로, 오랜 시간 성남의 변화를 가까이에서 지켜보았습니다. 계절이 바뀌고, 동네의 밀도가 달라지고, 사람들의 이동 경로와 생활 반경이 조금씩 재편되는 과정을 몸으로 경험했습니다.

이 글은 그 시간을 통과하며 축적된 기록입니다. 설명이나 평가라기보다, 도시가 어떻게 작동해 왔고 지금 어떤 국면에 서 있는지를 읽어내려는 관찰에 가깝다고 할 수 있겠습니다. 제가 성남 곳곳을 답사하고 느끼고 생각한 점을 이야기해야겠다고 생각한 이유가 몇 가지 있습니다. 그 이유가 이 책을 쓰게 된 계기이기도 합니다.

저는 대학 시절부터 사회 운동에 관심이 많았습니다. 학생운동을 했고, 직장 생활을 하며 노조와 시민운동의 현장에도 서 있었습니다. 여러 번의 직장과 사업을 경험했고, 대학 강단에서 강의를 하기도 했습니다. 국회의원으로 8년을 일했고, 국정기획위원회 위원으로 나라의 큰 방향을 논의했으며, 청와대에서 밀도 높은 시간을 보냈습니다. 돌아보면 제 삶은 늘 공적인 영역의 가장자리와 중심을 오가며 축적되어 왔습니다. 그 많은 경험이 쌓인 끝에 남은 질문은 의외로 단순했습니다.

"무엇이 가장 보람 있는 결과로 남는가?"

그리고 제 나름의 답은 점점 분명해졌습니다. 공공의 영역에서, 말이 아니라 행정이라는 구체적인 행위로 결과를 만들어내는 일. 사람들의 하루가 실제로 달라지는 성과를 남기는 일. 이보다 더 무겁고, 더 오래 남는 결과물은 많지 않다는 사실을 깨닫게 되었습니다.

청와대에서 일하며 가까이에서 바라본 대한민국은, 바깥에서 느끼던 모습보다 훨씬 크고 단단했으며, 놀라울 만큼 성숙한 나라였습니다. 세계가 주목하고, 부러워하는 나라가 이미 되어 있었습니다. 우리는 너무 오랫동안 대한민국을 '아직 부족한 나라'로만 이야기해 온 듯합니다. 일제강점기의 시간을 지나왔고, 군부 독재를 겪었으며, 민주주의를 국민의 힘으로 되찾아 왔습니다. 위기의 순간마다 시민이 나서 나라의 방향을 바로 세웠습니다.

그 축적 위에서 오늘의 대한민국이 만들어졌는데, 정작 우리는 그 자부심을 충분히 누리지 못하고 있는 것 같아 안타까운 마음이 들었습니다. 그래서 이 책이, 도시 성남의 이야기를 넘어 대한민국이라는 나라를 조금 더 자랑스럽게 바라보는 계기가 되기를 바랐습니다. 민주주의와 경제 성장, 그리고 일상의 품격이 함께 가는 나라. 그 가능성이 이미 우리 안에 충분히 쌓여 있다는 사실을 말하고 싶었습니다.

동시에, 공적인 영역에서 일하는 사람으로서의 책임도 더 또렷해졌습니다. 지금은 권력과 권한을 사적으로 오용하거나 남용하는 순간, 바로 드러나는 시대입니다. 정보는 숨

길 수 없고, 신뢰는 단번에 무너집니다. 그래서 이제 공공의 영역에서 일한다는 것은 능력과 함께 소명의 문제가 되었다고 느끼게 되었습니다. 국민으로부터 위임받은 권한은 오직 공익을 위해서만 사용되어야 한다는, 단순하지만 결코 가볍지 않은 원칙 말입니다.

이 책은 거창한 이론서가 아닙니다. 성남을 직접 걸으며 공간을 바라보고, 그 안에 차곡차곡 쌓인 읽어 내려간 기록입니다. 원도심의 골목에서, 분당의 계획된 거리에서, 판교의 이른 아침에서 저는 도시가 어떻게 사람을 만들고, 사람이 어떻게 다시 도시를 바꾸는지를 보았습니다. 도시는 하루아침에 만들어지지 않습니다. 도시는 누군가의 선택이 쌓이고, 포기하지 않은 시간이 합쳐진 결과입니다.

그래서 성남을 이해하려면 개발 계획보다 먼저 사람의 시간을 보아야 한다고 믿습니다. 이 책은 그 시간을 따라 걷는 이야기입니다. 그리고 그 끝에서 제가 전하고 싶은 것은 하나입니다. 행정은 숫자가 아니라 삶으로 평가받아야 한다는 것, 그리고 좋은 도시는 결국 사람의 마음에 오래 남는 도시라는 사실입니다. 성남을 통해 우리가 어떤 도시를 꿈꿀 수 있는지, 이 책은 그 질문에서 출발합니다.

성남의 출발은 이상적이지 않았습니다. 광주대단지 시절, 이곳은 계획보다 삶이 먼저 도착한 도시였습니다. 준비되지 않은 이주, 부족한 기반 시설, 불안정한 일상을 버티면서도 사람들은 미래를 꿈꾸며 성남을 떠나지 않았습니다. 이때 형성된 성남의 성격, '미래를 상상하고 희망을 만들어내는 도시'라는 면모는 지금도 이어지고 있다고 생각합니다. 그래서 성남은 구호보다 실행에 익숙하고, 선언보다 조정에 능숙합니다. 현실의 압력 속에서 문제를 해결하며 스스로를 갱신해 온 도시이기 때문입니다.

이 책의 Part 1 '도시의 기원과 삶의 기억'은 바로 그 출발점에서 시작했습니다. 원도심에 남아 있는 기억을 되짚는 이유는 과거를 반복하기 위해서가 아닙니다. 왜 이런 구조가 만들어졌는지, 어떤 선택이 오늘의 성남을 만들었는지를 이해해야 다음 설계가 가능하기 때문입니다. 원도심을 단순히 평면적으로 과거의 아픈 기억을 지닌 채 낙후된 장소로 규정한다면, 그것은 지나치게 납작하고 편협한 관점에 불과하다고 생각합니다. 원도심이 가진 잠재력과 가능성을 고려할 때 앞으로 성남이 어느 방향으로 나아가야 하는가에 대한 방향 감각을 제공하는 기준점 중의 하나가 될 수 있다고 믿습니다.

성남은 한국 도시 역사에서 보기 드문 변화를 연이어 만들어낸 도시입니다. 분당은 대한민국 주거의 기준을 바꾸었고, 판교는 산업과 기술이 도시를 어떻게 재편할 수 있는지 보여주었습니다. 한 도시가 얼마나 눈부신 성취를 이룰 수 있고, 다음 세대를 위해 얼마나 놀라운 물리적 심리적 자산을 만들 수 있는지 분명히 보여주는 증거입니다. 그리고 이 증거는 다음 시간을 위한 질문을 동반하기 마련입니다.

이 책의 Part 2 '도약의 시간'은 그 질문을 정면으로 다룹니다. 분당과 판교가 성남에 어떤 기회를 제공했는지, 그리고 그 성공이 어떤 과제를 남겼는지를 살펴보았습니다. 노후화, 포화, 교통과 생활 인프라의 부담은 잘 작동한 도시가 다음 단계로 넘어가기 직전에 반드시 겪는 구조적 긴장입니다. Part 2에서는 성남이 축적해 온 경험을 자산으로 정리하고, 다음 선택을 위한 판단의 토대를 마련하고자 합니다.

그리고 이 책은 자연스럽게 또 다른 질문으로 향합니다. 성남이 세계적인 국제도시와 어깨를 나란히 하기 위해 더 멀리 내다보고 앞으로 차근차근 준비할 것이 무엇인가에 질문과 응답입니다.

Part 3 '성남의 미래를 상상하다'는 성남이 글로벌 시티로 성장하기 위해 무엇이 필요하며 어떤 것에 집중해야 하는지 세계적인 도시에서 배움을 가져온 글입니다. "좋은 도시란 무엇인가?"에 대한 질문에 대답하기 위해 오래 고민해 온 제 개인적인 흔적이기도 합니다.

또한 앞으로 성남이 나아갈 방향을 생각합니다. 기술의

시대를 맞은 지금, 인공지능은 도시의 경쟁력을 가르는 새로운 기준이 되고 있습니다. 성남은 AI를 단순한 산업이 아니라 행정과 일상, 도시의 작동 방식까지 바꾸는 도구로 받아들일 준비가 되어 있는가에 대한 모색도 담았습니다.

"이제, 성남은 무엇을 선택해야 하는가?"

저는 성남이 이미 이 질문에 응답할 준비가 된 도시라고 생각합니다. 성남은 늘 선두에 서서 과감하게 도시의 성장 방향을 가리켰습니다. 아무도 가본 적 없는 길을 가느라 어려운 시련도 겪었습니다. 반면 커다란 영광도 있었지요. '성남'은 하나의 언어로 정의되지 않기에, 무한한 잠재력을 지닌 도시라고 생각합니다.

저는 정책을 펼치는 정치인입니다. 그럼에도 이 책을 정책 제안서처럼 쓰고 싶지는 않았습니다. 숫자와 도면만으로는 도시의 다음을 설명할 수 없기 때문입니다. 그보다 성남의 얼굴을 마주하고 성남의 이야기를 듣고 성남의 미래를 모색하고자 했습니다. 도시의 성장은 결국 그 도시에 사는 사람들과 그들이 염원하는 좋은 정책이 결부될 때 비로소 힘을 발휘하기 때문입니다.

성남은 이미 많은 것을 이루었습니다. 그러나 이 도시는 아직 끝나지 않았습니다. 도시의 진짜 실력은 거대한 전환의 순간마다 어떤 선택을 하는지에서 드러납니다. 저는 현재의 성남은 성공적인 미래를 활짝 여는 대전환의 문 앞에 서 있다고 생각합니다. 그렇기에 이 책에서 성남을 과거의 성공 사례로 봉인하지 않았습니다. 오히려 앞으로의 가능성을 더 크게 열어두는 기록으로 남기고 싶습니다.

대한민국 도시개발의 역사를 품고 있으면서도, 다음 세대의 도시 모델을 실험할 수 있는 공간. 성남은 지금까지 그래왔던 것처럼 앞으로도 가장 사랑스럽고 가장 흥미로운 도시가 될 것입니다. 우리가 뜨겁게 사랑하는 도시이자 힘찬 미래 도시의 선두에 선 성남이 앞으로 얼마나 더 멋지고 아름답게 성장할지, 그 여정을 함께해 주신다면 더 바랄 것이 없겠습니다.

2026년 신년,
남한산성에서 성남을 바라보며
김병욱 올림

차례

Part 3 성남의 미래를 상상하다: 한국의 실리콘밸리, 성남

Part 1

도시의 기원과 삶의 기억: 원도심

1960년대 후반부터 1970년대 초반까지, 서울시는 도심 정비 정책을 추진하며 대규모 철거를 진행했다. 청계천 등 서울 곳곳에서 삶의 터전을 잃은 사람들은 서울 외곽으로 이주하게 되었고, 그 주요 대상지 중 하나가 현재의 성남시 일대였다. 이 지역은 당시 행정구역상 경기도 광주군 중부면에 속해 있었다. 이주는 순차적 정착이 아니라 집단 이동의 형태였다. 강제로 트럭에 실려 이주민들이 도착한 은행, 태평 일대에는 주택 기반 시설이 전혀 갖춰져 있지 않았다. 상수도와 전기, 도로가 체계적으로 설치되지 않은 상태였다.

국가와 지방자치단체의 행정은 땅을 지정하고 사람을 옮기는 데까지는 도달했지만, 그 이후의 삶을 설계하는 데까지는 이르지 못한 것이다. 도시는 사람보다 늦게 도착했다. 주거지는 주민의 손으로 먼저 만들어졌고, 생활 기반은 시간이 지나며 하나씩 덧대어졌다. 집을 짓고 길을 내고 우물을 파는 과정은 행정 계획이 아니라 생존의 선택이었다.

성남의 초기 주거지는 '도시 이전에 삶이 먼저 자리 잡은 공간'이라는 특징을 갖는다. 이는 이후 성남의 도시 구조와 시민 의식에 깊은 흔적으로 남게 된다. 성남의 시작은 행정의 성공 사례가 아니었다. 대신, 삶이 행정을 앞질러 간 도시였다. 주어진 조건 안에서 버티고, 살아남고, 목소리를 내며 도시의 형태를 바꿔 온 시간이 쌓여 지금의 성남이 되었다. 이 도시는 위에서 설계된 결과가 아니라, 아래에서 축적된 선택의 총합이다.

그래서 성남을 이해하려면 개발 계획보다 먼저 사람의 시간을 봐야 한다. 이 도시의 가장 오래된 기반 시설은 도로도, 건물도 아니다. 삶을 포기하지 않았던 시민들의 선택과 자생력이다. 성남의 역사는 그 사실에서 출발한다.

성남 원도심의 풍경

하늘에서 바라본 원도심의 밀집된 노후주택 모습입니다. 원도심을 과거의 아픈 기억을 지닌 채 낙후된 장소로 규정한다면, 지나치게 편협한 관점에 불과하다고 생각합니다. 원도심이 가진 잠재력과 가능성은 성남의 방향 감각을 제공하는 기준점 중의 하나가 될 수 있습니다.

1

태평동 인셉션 뷰를 바라보며

성남 원도심의
과거와 현재를 담은 공간

성남 도시 기행을 시작하며 가장 먼저 어느 곳을 선택할지 고민했습니다. 성남의 가장 최근 모습이라고 할 수 있는 판교에서 시작할지, 1기 신도시의 성공적인 대표 모델인 분당에서 시작할지, 아니면 원도심에서 시작할지 말입니다.

성남은 크게 수정구, 중원구, 분당구, 세 개의 구로 나뉩니다. 수정구는 성남 원도심이자 도시의 출발점이라고 할 수 있습니다. 중원구 역시 원도심에 속하지만, 주거와 산업이 함께 자리한 생활 밀착형 지역입니다. 그리고 분당구는 계획도시로 조성된 신도시이자 IT, 교육, 주거 중심지입니다. 각각의 개성이 다르기에 어느 곳을 선택해도 의미가 있지만, 고민 끝에 제 발걸음은 수정구 태평동으로 향했습니다. 성남의 맨얼굴을 가장 정직하게 보여주는 곳이자 성남의 출발점이라고 할 수 있는 곳이기 때문입니다.

1970년대 조성된 광주대단지는 오늘날 태평동, 신흥동, 수진동, 단대동 등 현재의 수정구와 중원구 일부를 포괄하는 광범위한 이주지였습니다. 그중에서도 태평동은 광주대단지의 중심 주거지이자 상징적인 공간이었습니다. 인구 밀집도가 높았고 초기 생활 기반이 가장 먼저 형성된 곳이었습니다. 역사적으로 광주대단지를 성남의 탄생이라고 본다면, 원도심의 형성이라는 면에서 태평동은 성남을 이해하는 출발선에 가장 가까운 자리입니다. 광주대단지가 성남의 시작이라면, 태평동은 그 시작의 중심 같은 곳입니다.

태평동 언덕에 서면 성남 원도심의 과거와 현재가 한 장면에 겹쳐 보입니다. 급경사의 비탈을 따라 빼곡하게 들어선 주택들, 서로의 지붕이 시야를 가릴 만큼 가까운 집들, 그리고 그 위를 낮게 스쳐 지나가는 항공기. 이 풍경은 성남 원도심을 상징하는 장면으로 자주 언급됩니다.

태평동 일대는 지형적 특성이 뚜렷한 지역입니다. 남한산성으로 이어지는 구릉지대의 경사면에 주거지가 형성되었고, 평지가 아닌 언덕을 따라 도시가 확장되었습니다. 그렇기에 도로는 직선보다 곡선이 많고, 골목은 계단과 비탈로 이어집니다. 이러한 공간 구조는 성남 원도심의 생활 방식과 이동 동선을 결정지었습니다.

태평동의 풍경을 더욱 독특하게 만드는 요소는 하늘입니다. 태평동 인근 상공으로 항공기가 정기적으로 통과합니다. 성남 인근에 있는 서울공항의 항공 작전과 관련된 비행 경로 때문입니다. 항공기는 비교적 낮은 고도로 이동하며, 주민들은 일상의 일부로 그 소음을 감내해 왔습니다. 이곳은 성남 원도심이 오랜 기간 항공기 고도 제한의 영향을 받아온 공간임을 상징적으로 보여줍니다.

그래서 저에게 이 장면은 단순한 풍경 이상의 의미를 갖습니다. 태평동의 주거 밀도와 건축 형태, 그리고 하늘의 제약은 서로 분리된 문제가 아니기 때문입니다. 땅은 이미 사람들로 가득 찼지만, 고도 제한으로 인한 아파트 건축물 높이 제한은 지역 발전에 커다란 장애가 되었습니다. 성남 원도심의 공간적 압축은 지형과 제도의 이중 구조 속에서 만들어진 것입니다.

태평동 비탈진 언덕길 꼭대기에 서면 주변 일대가 영화의 한 장면처럼 한눈에 내려다보입니다. 무척이나 현실적이지만, 때로는 비현실적으로 보이기도 합니다. 이 풍경이 의미하는 바가 무엇일까요? 물리적 공간 속에 갇힌 시간이 아닐까요?

저는 이곳에 서면 질문도 많아지고 생각도 많아집니다. 왜 원도심이 오랫동안 성장하지 못했는지, 공간의 제약이 누구에게 어떤 부담을 남겼는지, 그래서 우리는 무엇을 할 수 있는지 말입니다. 태평동에 갈 때마다 제 두 눈 가득 담게 되는 영화 인셉션 장면은 성남이라는 도시가 갖고 있는 여러 질문에 추상적으로 대답하지 않겠노라는 단호한 결심을 하게 만듭니다. 두 눈 똑바로 뜨고, 눈앞에 놓인 현실을 마주하자고, 몇 번이고 몇 번이고 다짐합니다.

태평동이 보여주는 거대한 인셉션 풍경은 단지 추억을 자극하거나 영화의 한 장면을 떠올리게 하는 정서적 장면이 아닙니다. 주거 밀도, 건축 제한, 생활 소음, 재산권 문제, 도시 안전이 한 화면에 겹쳐 있는 구조적 현장입니다. 성남의 과거를 보여주는 장소이면서, 동시에 성남이 풀지 못한 과제를 가장 압축적으로 드러냅니다.

저는 좋은 도시는 그 공간만이 갖고 있는 이야기를 건네는 도시라고 생각합니다. 그런데 태평동에 오면 너무 많은 이야기에 압도당하는 느낌을 받곤 합니다. 이곳이 어떻게 성장해 왔는지, 그리고 무엇에 막혀 있었는지를 묵묵히 증언하기 때문입니다.

하늘은 낮고, 땅은 빽빽했음에도 사람들은 어떻게든 여기에 뿌리를 내리고 살아왔습니다. 이 장면을 어떻게 해석

태평동의 인셉션 뷰

태평동이 보여주는 거대한 인셉션 풍경은 성남의 과거를 보여주는 동시에 성남이 풀지 못한 과제를 가장 압축적으로 드러냅니다.

하느냐에 따라, 성남의 미래 설계는 전혀 다른 방향으로 향하게 되지 않을까요. 풍경을 감상으로 남길 것인지, 아니면 정책의 출발점으로 삼을 것인지, 태평동 인셉션 뷰는 성남이 더 이상 미룰 수 없는 질문을 던지고 있습니다.

태평동이 우리에게 보여주는 것

태평동의 골목골목을 걷다 보면, 이곳의 주거 형태는 단일한 시기의 결과가 아니라는 것을 알 수 있습니다. 초기 정착 이후, 필요에 따라 증축과 개축이 반복되었고, 그 과정에서 건축 양식과 재료, 구조가 혼재된 모습을 흔하게 발견할 수 있습니다.

이런 모습은 한 번에 개발된 지역이 아니라, 오랜 기간에 걸쳐 생활 중심으로 확장된 공간이라는 점을 여실히 보여줍니다. 도로 폭과 보행 동선은 차량 중심의 계획보다는 보행과 생활 이동을 기준으로 형성되어 있습니다. 초기부터 자동차 중심 도시로 설계된 지역과 뚜렷한 대비를 이룹니다. 골목과 계단, 완만하지 않은 경사로는 이곳이 '생활이 먼저 자리 잡은 도시'임을 보여주는 공간적 증거이기도 합니다.

이러한 구조는 시간이 흐르며 장점과 한계를 동시에 드

러나기 마련입니다. 생활 반경이 좁고 이웃 간의 접촉이 잦다는 점은 공동체 유지에는 분명 유리하지만, 동시에 소방·안전·접근성 측면에서는 취약 요소로 작용합니다. 성남 원도심이 재난 안전, 보행 환경 개선, 생활 인프라 확충의 필요성이 지속적으로 제기되어 온 이유도 바로 여기에 있습니다.

태평동을 걷다가 문득 이런 생각이 들었습니다.

'이곳이 우리에게 보여주는 것은 무엇일까?'

단순히 오래된 도시의 흔적만은 아니었습니다. 인문학자는 도시에서 인문학적 성찰을 길어 올리고, 화가는 그림의 영감을 받듯, 정치인으로서 저에게 태평동이 날것 그대로 보여준 것은 '제도의 공백'이었습니다. 앞에서 언급한 것처럼, 태평동 일대는 오랜 기간 고도 제한과 지형적 제약이 중첩되며 대규모 정비가 쉽지 않은 지역으로 분류되었습니다. 그 결과, 부분적 보수와 개별적 개선이 반복되었고, 태평동의 내적 구조를 더욱 복합적으로 만들었습니다. 이것을 특정 행정의 실패라고 비난하기보다 여러 제약이 동시에 작용한 결과로 이해하는 것이 타당할 듯합니다.

도시 정책의 시선에서 보면, 태평동은 '낡은 도시'라기보다 시선을 돌리지 않고 똑바로 '마주 봐야 할 도시'에 가깝습니다. 이곳에는 어떤 정책이 작동했고, 어떤 정책이 작동하지 못했는지를 제대로 봐야 합니다. 고도 제한, 주거 밀도, 기반 시설 확충의 속도는 서로 분리된 사안이 아니라 하나의 구조로 얽혀 있기 때문입니다.

한 공간, 한 동네, 더 나아가 한 도시를 마주 보는 이유는 불편함을 느끼는 곳을 찾아 쾌적하게 바꾸고 억울함이 남아 있는 곳을 찾아 위로하고 해결책을 찾기 위해서입니다. 태평동의 골목은 성남 원도심이 겪어온 시간의 밀도를 말해줍니다. 빠른 개발의 경로를 택하지 못했던 대신, 생활의 시간이 켜켜이 쌓여 있습니다. 과거와 현재, 미래를 동시에 보여주는 태평동은 한 도시의 미래를 위해 어떤 선택을 해야 하는지 질문을 던지는 곳입니다.

눈에 보이지 않는 선,
눈에 보이는 문제점

앞에서도 말씀드렸지만, 태평동을 비롯해 성남 원도심의 공간을 말할 때, 고도 제한을 빼놓고 이야기하기는 어렵습니다. 중요한 이야기인 만큼 조금 더 구체적으로 짚어보도록

하겠습니다.

성남시 일대에는 오랜 기간 건축물 높이를 제한하는 규제가 적용되었는데, 그 기준선은 약 45미터 내외로 설정되어 있었습니다. 이 제한은 군 공항의 항공 작전 안전을 이유로 도입되었으며, 관련 법령과 국방부 고시에 따라 관리되었습니다.

과학적 근거 없이 설정된 45미터 고도 제한은 괜찮을까요? 그렇지 않습니다. 여러 제도의 중첩으로 작동한 점을 간과하면 건축법, 군사시설 보호 관련 규정, 도시계획 기준이 동시에 적용되어 성남 원도심에 일정 높이 이상의 건축이 사실상 불가능한 구조가 형성되었다는 점을 입체적으로 이해하기 어렵습니다. 또한 이런 점으로 인해 토지 이용의 효율성, 주거 환경 개선, 재건축·재개발 사업성 전반에 제약이 누적되었다는 점도 말입니다.

중요한 점은, 이 제한이 일시적인 조치가 아니라 장기간 지속되었다는 사실입니다. 수십 년에 걸쳐 유지된 고도 제한은 단순한 건축 규제를 넘어 도시의 성장 경로 자체를 바꾸어 놓았습니다. 같은 시기 수도권의 다른 지역들이 수직적 확장을 통해 주거 밀도와 기반 시설을 재편하는 동안, 성남 원도심은 낮은 스카이라인 안에서 밀도를 내부적으로 압축할 수밖에 없었습니다.

고도 제한의 영향은 물리적 공간에만 머물지 않았습니다. 재산권 행사에는 구조적 차이가 발생했고, 동일한 면적의 토지를 보유하더라도 개발 가능성에는 큰 격차가 생겼습니다. 안타깝게도 이것은 개인의 선택 문제가 아니라 제도에 따른 결과였습니다. 성남 원도심 주민들이 오랜 기간 상대적인 박탈감을 호소해 온 배경에는 이러한 누적 효과가 자리하고 있다는 것을 결코 잊으면 안 됩니다.

물론 정책적으로 보면, 고도 제한은 안전이라는 공공 목적을 위한 규제입니다. 그러나 공공 목적을 위한 제도일지라도, 그 부담이 특정 지역과 주민에게 장기간 집중되는 경우 보완 장치가 꼭 필요합니다. 성남의 경우, 제한은 유지되었지만 이에 상응하는 체계적인 보상이나 대체 성장 전략은 충분히 마련되지 못했습니다. 이 점은 이후 도시 불균형 논의에서 반복적으로 지적된 점이기도 합니다.

또 하나 주목할 부분은, 고도 제한이 도시계획의 유연성을 크게 떨어뜨렸다는 점입니다. 재건축이나 정비 사업은 단순히 낡은 건물을 새로 짓는 문제가 아닙니다. 교통, 공공시설, 생활 인프라를 함께 재편하는 종합 설계가 필요합니다.

그러나 높이 제한이 고정된 상태에서는 이러한 종합적 접근이 구조적으로 어려우니 도시 정비 속도 또한 느려질 수밖에 없습니다. 고도 제한은 눈에 보이지 않는 선을 그어 시민들의 일상과 자산, 도시 환경 전반에 영향을 미쳤습니다. 그렇다면 이 어렵고 복잡한 고도 제한의 문제에 어떻게 접근해야 할까요? 안전을 해치지 않으면서도, 특정 지역에 집중된 부담을 조정할 방법이 없을까요?

변화의 신호

고도 제한은 오랫동안 고정된 제도처럼 보이지만 완전히 정지된 영역은 아니었습니다. 성남시 일대의 항공기 고도 제한은 국방부 고시와 관계 법령에 따라 관리되었고, 이에 대한 조정 가능성 역시 제도 안에 존재해 왔습니다. 다만 그 조정은 매우 제한적이었고, 실제 도시 변화로 이어지기까지는 오랜 시간이 필요했습니다.

변화의 신호는 '전면 해제'가 아니라 '부분 조정'의 형태로 나타났습니다. 2025년 국방부 고시로 고도 제한이 일부 완화되었습니다. 항공 안전을 전제로 하되, 지형과 항공기 비행경로, 영장산 차폐 이론 등을 종합적으로 검토하는 방식이 논의되기 시작했습니다. 이른바 '지형 차폐(terrain shielding) 이론'으로, 일부 지역에서 40층 높이의 가능성이 대두되었습니다. 고도 제한을 일률적으로 적용하기보다, 실제 위험 요소를 기준으로 구역별 판단이 가능하다는 점에 주목한 것은 기존의 획일적 규제 방식에서 벗어나려는 시도입니다.

고도 제한은 단일 지자체가 독자적으로 결정할 수 있는 사안이 아니기 때문에, 국방부를 비롯한 중앙정부 부처와의 협의가 필수적입니다.

최근 들어 일부 지역에서는 제한 기준이 조정되거나, 재건축·정비 사업의 사업성이 개선될 수 있는 여지가 생겼습니다. 저는 이것을 '검토 가능 영역'이 열렸다는 점에서 의미가 있다고 봅니다. 수십 년간 고정되어 있던 기준이 다시 논의의 대상이 되었다는 사실은 도시가 움직이기 시작했다는 신호입니다.

무척 반가운 소식이긴 하지만, 이 변화를 과대평가해서는 안 될 것입니다. 고도 제한 완화는 아직 제한적이며, 모든 지역에 동일하게 적용되는 것도 아닙니다. 안전을 전제로 한 규제의 성격상, 단계적 접근이 불가피하기에 성남 원도심의 구조적 문제가 단번에 해소되었다고 말할 수는 없습니다.

그럼에도 이 변화가 중요한 이유는 방향성에 있다고 봅니다. '규제가 있으니 어쩔 수 없다'라는 상태에 머물지 않아도 되는 시간이 온 것입니다. 안전과 도시 성장, 공공의 목적과 개인의 삶이 충돌하는 지점에서, 어떤 방식으로 조정이 가능한지를 보여주는 사례이기에 더 사려 깊고 더 지혜롭게 풀어나갈 문제라고 생각합니다.

고도 제한 완화 이후의 질문

고도 제한을 둘러싼 논의가 다시 시작되었다는 사실은, 성남 원도심에 분명한 변곡점이 도래했음을 의미합니다. 고도 제한은 오랫동안 '막는 제도'로 인식되었습니다. 그래서 논의의 초점도 자연스럽게 '얼마나 높이 올릴 수 있는가?'에 맞춰졌습니다. 하지만 정책의 관점에서 보면, 높이는 목표가 아니라 수단입니다. 도시가 위로 확장될 수 있는 조건이 생겼다면, 이제 질문이 달라져야 합니다. "어떤 삶의 질을 보장할 것인가"라는 방향으로 말입니다.

성남은 1971년 8·10성남민권운동으로 아픈 경험을 기억하고 있습니다. 조건이 갖춰지지 않은 상태에서의 급격한 변화가 어떤 결과를 낳는지, 우리의 성남은 몸으로 겪어왔습니다. 고도 제한 이후의 성남은 선택의 갈림길에 서 있습니다. 높이만 허용하는 도시가 될 것인가, 삶의 질을 설계하는 도시가 될 것인가. 규제를 푸는 행정이 될 것인가, 방향을 제시하는 행정이 될 것인가. 이 질문에 대한 답은 숫자나 도면이 아니라, 정책의 태도에서 드러날 것입니다. 고도 제한 완화로 인해 성남이 다시 한번 성장의 방향을 선택해야 하는 시점에 서 있다는 사실, 그것이 지금 우리가 목도하고 있는 가장 중요한 변화입니다.

조금 엉뚱한 이야기로 들릴지도 모르지만, 여러분이 어떤 일로 고민하고 있다면 태평동에 한 번 가보시면 좋겠습니다. 인셉션 풍경이 파노라마처럼 펼쳐지는 언덕에 서서 자신의 과거와 현재, 미래를 연속적으로 돌아보면 기존의 사고 틀을 깰 수 있는 계기를 만나게 될지도 모릅니다. 새로운 미래를 열기 위한 영감과 결심이 필요할 때 태평동 산책, 어떠신가요?

2

성남시의료원, 돈보다 건강

대한민국 최초, 시민이 만든 공공병원

태평동의 가장 높은 곳에서 바라본 인셉션 뷰를 뒤로하고 부지런히 찾아간 곳은 같은 태평동에 있는 성남시의료원입니다. 이곳은 제게 아주 특별한 곳입니다. 성남시의료원은 대한민국 최초, 시민이 만든 공공병원입니다. 성남시의료원은 공공의료 시설이지만 시민 민주주의의 결과물이라고 생각합니다. 이 병원이 특별한 이유는 규모나 기능 때문이 아니라, 만들어진 방식에 있습니다. 성남시의료원은 시민의 실제 필요에 따라 제기되었고, 시민의 절실한 요구가 제도와 행정을 움직여 현실이 된 사례입니다. 세상엔 수많은 병원이 있고 수억 원이 넘는 최신식 기기가 있는 병원도 있지만, 저에겐 성남시의료원이 세상에서 가장 특별한 병원으로 다가오는 이유입니다.

또 한 가지 특별한 이유 중 하나는 이재명 대통령이 정치에 참여하게 된 결정적 계기이자 공약 1호였던 장소이기 때문입니다. 성남시의료원 건립 계획은 적자 운영 등을 이유로 어려움이 많았지만, 공공의료의 필요성을 꾸준히 알리며 시민 공감대를 형성해 나갔습니다. 성남시의료원을 짓는 과정에서도 자랑스러운 점이 많았습니다. 당시 공사 인원의 50퍼센트를 성남 시민으로 고용하고 건설 현장 내부 식당 운영을 제한해 지역 경제 활성화를 도모했습니다. 특히 메르스 등 국가에 큰 위협이 되는 질병에 대처하지 못한 공공의료의 한계를 지적하며 당시 서울삼성병원에도 없던 음압 병상을 30여 개나 설치했습니다.

이렇게 미리 준비된 상황은 코로나19 시기에 진가를 발휘했는데 당시 성남시의료원을 국가 전담병원으로 지정해 위기를 함께 극복할 수 있었습니다. 공공의료 기관은 비급여 수가가 민간 의료기관보다 낮게 책정되어 원도심 주민들의 걱정을 크게 덜었던 점도 무척이나 다행스러운 일입니다. 선견지명을 가진 좋은 정책이 진정으로 시민을 생각하는 정치가와 만날 때 얼마나 많은 사람들을 살리는지 피부로 경험한 일이었습니다.

성남시의료원 창립 현판식

2016년 6월 2일 시민들의 오랜 염원이던 성남시의료원 창립 현판식에서 당시 이재명 시장과 떡 케이크를 자르던 날의 감흥이 여전히 남아 있습니다.

성남시의료원이 상징하는 것

성남시의료원 설립 과정에 가장 큰 역할을 한 이들은 성남시민들입니다. 공공병원 설립을 요구하는 시민 서명은 7만 명에 이르렀습니다. 7천 명도 아니고 무려 7만 명이라니! 이 기록을 볼 때마다 저는 당시의 기억이 되살아나서 매번 전율을 느낍니다. 한 사람 한 사람이 모여 7만 명을 이뤘다는 것은 작은 물방울 하나하나가 모여 큰 강물을 이루고 멈추지 않고 힘차게 나아가 바다가 되는 과정을 떠올리게 합니다. 7만 명은 공공의료를 '있으면 좋은 것'이 아니라 '꼭 필요한 것'으로 인식한 수준 높은 시민들이 이토록 많았다는 것을 보여주는 숫자이고, 수많은 시민이 바라던 꿈을 직접 현실로 만들었다는 증거입니다.

그래서 저는 성남시의료원을 '시민이 만든 공공병원'이라고 부릅니다. 위에서 내려온 정책의 결과가 아니라, 아래에서 올라온 요구가 제도와 결합해 만들어진 결과이며, 공공 정책이 어떤 경로를 통해 현실이 될 수 있는지를 보여주는 분명한 선례이기 때문입니다.

저는 성남시의료원을 통해 성남이라는 도시의 성격을 다시 확인하곤 합니다. 성남은 늘 쉬운 선택보다는 불편한 질문을 던져온 도시였습니다. 비용과 효율의 논리 앞에서, 삶과 안전, 공공의 책임을 어떻게 지킬 것인가를 반복해서 물어왔습니다. 성남시의료원은 그 질문이 의료 영역에서 내려진 하나의 답이라고 생각합니다.

"생명보다 돈을 우선할 수 있는가?"

그 질문에 성남은 '성남시의료원'으로 대답합니다. 성남시의료원은 하나의 병원이지만, 이 공간을 단순히 의료 시설로만 보지 않는 이유이기도 합니다. 이 병원이 만들어진 과정과 그에 이르기까지의 선택을 생각하면, 성남시의료원은 우리 성남이 어떤 가치를 선택했는지를 보여주는 자화상에 가깝습니다.

공공병원은 효율의 언어로 설명되기 어렵습니다. 손익계산서로만 보면 늘 질문이 따라붙습니다. 왜 세금을 들여 병원을 운영해야 하는가, 민간 의료로 대체할 수는 없는가. 성남시의료원이 던진 질문은 그 반대 방향이었습니다. "모든 의료를 시장에 맡겼을 때, 과연 누구의 삶이 가장 먼저 흔들리는가?"라는 질문입니다.

그런데 지금, 성남시의료원을 바라보면 안타깝기 그지없습니다. 그때 열렬했던 마음을 잊은 건 아닌지, 초심으로 돌아가 엄준한 질문을 던지게 합니다.

"우리의 손으로 만든 성남시의료원이 지금도 시민의 기대에 부응하고 있습니까? 공공의 책임을 다하고 있습니까?"

'위탁'이 아니라 '주인의식'이 답이다

애정을 듬뿍 쏟았던 사람이 잘못된 길을 갈 때 우리는 무척이나 속이 상하고 화가 납니다. 지금 성남시의료원을 바라보는 저의 마음이 그렇습니다. 현재 성남시의료원이 앓고 있습니다. 2020년 7월 개원 이후 줄곧 의료진 부족과 적자 문제에 시달리더니, 급기야 현 시정부는 병원 운영이 어렵다며 대학병원 위탁만이 살길인 양 몇 년을 허비했습니다. 이런 상황을 지켜보며 몇 날 며칠 깊은 탄식을 금할 수 없었습니다.

위탁에 목매느라 시민의 병원을 방치하고 금쪽같은 수년을 날려버린 것에 대해서는 반드시, 그리고 강하게 책임을 물어야 합니다. 심지어 윤석열 정부의 보건복지부조차 위탁 운영을 승인하지 않았습니다. 성공한다는 보장도 없는 위탁 만능주의에 빠져, 스스로 해결할 생각은 안 하고 골든타임만 놓쳐버렸습니다.

현재 성남시의료원이 겪는 어려움의 근본 원인이 건물이 없어서일까요? 장비가 부족해서일까요? 가장 큰 문제는 '리더십의 부재'와 '의도적인 방치' 때문입니다.

성남시의료원은 어느 날 갑자기 하늘에서 뚝 떨어진 건물이 아닙니다. 주민 발의 조례가 날치기로 폐기될 때 흘렸던 수많은 시민의 눈물, 그리고 그 투쟁의 맨 앞줄에서 싸웠던 성남시의료원 설립 추진위원회 공동대표 이재명의 치열한 역사가 서려 있는 곳입니다. 성남 시민과 이재명 대표가 함께 일궈낸 이 소중한 결실을, 경영 논리만 앞세워 남의 손에 넘길 수는 없습니다.

성남시의료원을 바라보는 동안 저도 모르게 온몸에 힘을 주고 두 손을 불끈 쥐고 있다는 사실을 깨달았습니다. 이곳을 시민의 품으로 돌려주고, 대한민국 공공의료의 표준으로 살려내고 싶다는 생각을 강하게 했던가 봅니다. 처음엔 성남에 대한 사랑으로 시작한 답사였는데, 역시 뼛속까지 정치인인지, 무엇을 봐도 생각이 정책으로 돌아가는 것은 어쩔 수 없는가 싶어 웃음이 나기도 합니다.

손에 힘만 준다고 될 일은 아닐 겁니다. 눈빛에 분노만 담는다고 될 일은 더더욱 아닐 겁니다. 그러나 손에서 힘을 풀고 싶지 않습니다. 눈빛을 순하게 하고 싶지도 않습니다. 그저 제가 느낀 진심을 오롯이 기억하고 있다가 반드시 제대로 돌려놓는 데 힘이 되겠다고 스스로 다짐하고 약속할 뿐입니다.

빛과 소금이 되는 공간,
주민교회

성남시의료원 맞은편에는 주민교회가 있습니다. 성남에서 주민교회를 이야기할 때, 단순히 하나의 종교 공간으로 설명하는 것은 너무나 부족한 설명입니다. 주민교회는 성남의 골목과 시장, 철거 현장과 임시 거처를 함께 통과하며 형성된 공간이기 때문입니다. 이곳은 예배당이기 이전에, 힘든 사람들의 삶의 고난을 함께 견디며 떠받쳤던 자리였습니다.

주민교회는 이재명 대통령과의 인연이 깊은 곳이기도 합니다. 그는 2004년 3월 성남시의회에서 주민 발의로 부의된 성남시립병원 설립 조례안이 무기한 심사 보류되자 항의 농성을 벌이다 특수 공무 집행 방해 혐의로 수배자 신세가 되었습니다. 체포를 피해 주민교회 이해학 목사님의 배려로 주민교회 지하실에서 숨어 지냈습니다. 2006년 3월 30일 이재명 당시 변호사는 블로그에 이런 글을 남겼습니다.

“사람들의 삶에 대한 고려라곤 눈곱만큼도 없는 그들을 내몰아야 한다는 의무감이, 사람들의 고통스런 삶을 그대로 두어서는 안 된다는 사명감이 밀려왔다. 며칠 동안 더 교회에 기거하며 생각을 정리한 끝에 경찰에 자진 출두했고, 그때쯤 나는 시장 출마를 결심했다.”

성남 원도심의 역사는 늘 빠듯했습니다. 광주대단지 이후 갑작스러운 이주와 불안정한 정착, 부족한 행정과 느린 제도 속에서 사람들은 스스로 삶을 지켜야 했습니다. 누군가는 일자리를 잃었고, 누군가는 집을 잃었으며, 누군가는 제도 밖으로 밀려났습니다. 주민교회는 그들과 함께했습니다. 무엇을 믿느냐보다 어떻게 오늘을 버텨내느냐가 더 중요했던 사람들이 모여드는 공간이 되었습니다.

주민교회가 해온 일들은 늘 구체적이었습니다. 무료 급식, 상담, 공부방, 쉼터, 연대의 장, 주민들의 사랑방 등, 거창한 구호보다는 당장 필요한 손을 내미는 방식이었습니다. 그래서 이곳에서 오간 말들은 신학보다 생활에 가까웠고, 설교보다 사정에 가까웠습니다. 누군가의 이야기를 듣고, 함께 방법을 찾고, 당장 해결되지 않더라도 혼자가 아니라는 연대를 남기는 일. 주민교회는 그렇게 성남의 일상을 지탱해 왔습니다.

주민교회라는 공간이 특별한 이유는, 문제를 해결했기 때문이 아니라 문제를 외면하지 않았기 때문입니다. 도시가 빠르게 성장하는 동안, 원도심에는 늘 남겨진 과제가 쌓였습니다. 재개발과 철거, 주거 불안, 생계의 위기, 의료와 돌봄의 공백. 주민교회는 그 모든 문제를 안고 있었고, 그래서 이곳은 늘 불편한 공간이기도 했습니다. 갈등이 모이고, 울분이 터지고, 행정의 한계가 드러나는 장소였기 때문입니다. 그러나 바로 그 불편함 덕분에 주민교회는 성남의 중요한 지점이 되었습니다. 이곳은 '아직 해결되지 않은 문제들'이 가장 먼저 모습을 드러내는 장소였고, 그래서 행정과 정치, 시민 사회가 반드시 거쳐 가야 하는 통로가 되었습니다.

시간이 흐르며 성남의 행정은 점점 제자리를 찾아갔습니다. 공공의 역할이 확대되었고, 공공의료, 복지 정책, 주거 대책도 하나둘 자리를 잡기 시작했습니다.

그럼에도 주민교회는 여전히 필요합니다. 제도가 생겼다고 해서 삶의 균열이 곧바로 사라지지는 않기 때문입니다. 행정은 언제나 평균을 기준으로 움직이지만, 삶은 늘 평균 밖에서 먼저 흔들립니다. 주민교회는 그 평균 밖의 신호를 가장 먼저 감지하는 역할을 해왔습니다. 우리 성남이 스스로를 점검하는 거울 같은 역할이었습니다.

주민교회가 성남에서 갖는 의미는 사람이 먼저 살아야

한다는 사실을 끊임없이 상기시키는 장소라는 점입니다. 성남이 성장의 도시에서 성숙의 도시로 넘어가는 과정에서, 이곳은 늘 같은 질문을 던져왔습니다.

"이 변화는 누구의 삶까지 포함하고 있는가?"

주민교회는 성남의 과거에 머물러 있는 공간이 아닙니다. 공공성이 충분히 작동하고 있는지, 제도가 삶을 놓치고 있지는 않은지, 개발의 언어가 사람의 언어를 압도하고 있지는 않은지를 묻는 공간입니다. 주민교회는 오늘도 성남 한가운데에서 조용히 자기 역할을 하고 있습니다. 어둠이 있는 곳에 빛을 비추고, 불화가 있는 곳에 평화를 말하며, 고단한 사람을 안아주고, 억울한 사람을 위로하는 사랑의 산실로 말입니다.

3

골목의 밥상, 노포의 생존

노포가 있는 풍경

도시가 보여주는 풍경에 마음이 뺏긴 채 걷고 또 걷다 보면 가끔 끼니를 놓치곤 합니다. 그래도 배꼽시계는 정확해서 어느새 배가 출출해집니다. 원도심에서는 어디에서 점심을 먹을지 고민할 필요가 없습니다. 수정구에는 중앙공설시장, 현대시장, 종합시장 등이 있고 중원구에는 성호시장, 단대전통시장, 상대원시장, 은행시장, 모란시장 등 큰 시장이 여러 개 있고, 수십 년간 자리를 지켜온 노포들도 많습니다. 메뉴판은 단출하고 화려한 인테리어나 유행하는 콘셉트는 없지만, 그 대신 시간이 만든 신뢰가 있습니다. 손님과 주인은 서로의 얼굴을 알고, 말없이 앉아도 어색하지 않은 관계입니다.

배가 고파서 아무 식당에 들어가도 오랜 단골인 듯 반갑고 정겹습니다. 간판은 오래되었고, 외벽은 빛이 바랬습니다. 번쩍이는 유리창 대신 김이 서린 창문이 눈에 들어옵니다. 쇠락해 보인다는 말이 어울릴지도 모르지만, 정성껏 차려진 한상 위에 뚝배기가 끓고 있고, 반찬은 정갈합니다.

한술 듬뿍 떠서 입안에 넣으면 "캬아~!" 감탄 소리가 절로 나옵니다. 입안으로 넣는 숟가락질이 바빠지기 시작합니다. 배가 두둑해질 무렵이면 시장기가 가시고 든든한 마음이 듭니다. "밥심으로 산다"라는 말이 있는 것처럼 뱃속 깊은 곳에서 뜨거운 기운이 느껴집니다. 시장에서 먹는 뜨끈한 국밥 한 그릇에 넉넉한 인심을 만날 때면 진짜 사는 맛을 느낍니다.

오래된 시장, 노포가 있는 풍경을 저는 성남 원도심의 생활 기록이라고 생각합니다. 노포는 단순한 가게가 아니라, 이 도시를 떠나지 않고 버텨온 사람들의 흔적입니다. 하루 장사를 마치고 문을 닫는 일이 수십 년 반복되면서, 그 자리는 자연스럽게 동네의 중심이 되었습니다. 특별한 날이 아니라, 평범한 날을 책임지는 공간이라는 점에서 이 식당들은 도시의 일상을 떠받쳐 왔습니다.

간판 아래에서 이어진 삶은 결코 낭만적이지만은 않았을 겁니다. 장사가 잘되지 않는 날도 있었고, 임대료와 인건비,

재료비 부담은 현실적인 문제입니다. 그럼에도 이 식당들이 사라지지 않았던 이유는 단순합니다. 이곳이 필요했기 때문입니다. 이 동네에서 일하는 사람들, 오래 살아온 주민들, 시장을 오가는 사람들에게 골목의 밥집은 일상의 일부입니다. 그래서 저는 종종 이런 말을 합니다.

> "성남을 만든 건 거창한 구호가 아니라, 하루하루 버텨낸 밥심입니다."

도시는 선언으로 유지되지 않습니다. 도시를 지탱하는 힘은 매일 반복되는 삶에서 나옵니다. 아침에 문을 여는 가게, 점심시간을 채우는 식당, 저녁을 마무리하는 불빛이 모여 도시의 체온을 만듭니다. 원도심의 노포들은 그 체온을 가장 가까이에서 보여줍니다. 화려하지 않지만, 쉽게 사라지지 않는 이유가 있습니다. 이곳은 누군가에게는 단골집이고, 누군가에게는 하루를 버티게 해주는 한 끼의 장소입니다. 그렇게 쌓인 시간이 이 골목을 지켜왔습니다.

도시 정책의 관점에서 보더라도, 이 풍경은 중요합니다. 노포가 사라진 골목은 빠르게 변할 수는 있지만, 동시에 정체성을 잃기 쉽습니다. 새로운 상권은 만들어질 수 있어도, 오래된 관계는 쉽게 복원되지 않습니다. 원도심의 골목은 아직 그 관계가 살아 있는 몇 안 되는 공간입니다. 그렇기에 더욱더 저는 이 골목을 단순히 '낡은 상권'으로 부르고 싶지 않습니다. 이곳은 도시가 위기를 견디는 방식 중 하나를 보여주기 때문입니다. 개발이 멈춰 있던 시간 동안, 이 식당들은 도시를 떠받치는 역할을 해왔습니다. 경제성이 아니라 지속성으로, 추상적인 꿈이 아니라 구체적인 일상의 힘으로 성남을 지켜온 공간이라고 생각합니다.

노포들은 도시재생의 출발점이 될 수는 있어도 오래되고 낡았다고 헐어버리고 없애야 할 대상이 되어서는 안 됩니다. 고단한 이들의 하루를 지켜주던 밥집들은 성남이 무엇으로 버텨왔는지를 말해줍니다. 매일 밥을 짓고, 사람을 맞이하고, 하루를 마무리했던 힘 덕분이라고 말입니다.

간판 아래에서 이어진 삶

노포를 오래 지켜온 사람들의 이야기는 대개 비슷한 방식으로 시작됩니다. 언제 문을 열었는지 정확한 날짜를 기억하지 못하는 경우도 많습니다. 대신 그들은 어떤 계절에 시작했는지, 첫 손님이 누구였는지, 장사가 가장 힘들었던 시기를 또렷하게 기억합니다.

모란시장과 중앙시장 풍경

전통시장과 노포를 지킨다는 것은 변화 속에서 삶을 유지하는 가장 현실적인 선택에 가깝습니다.

식당들의 하루는 이른 시간부터 시작됩니다. 재료를 고르고, 국물을 끓이고, 반찬을 준비하는 일은 눈에 띄지 않지만 가장 많은 시간을 요구합니다. 손님이 많지 않은 날에도 준비는 줄어들지 않습니다. 오늘보다 내일을 걱정하며 장을 보는 일이 반복되며, 그렇게 쌓인 시간이 이 가게들의 문을 지금까지 열었을 겁니다.

간판은 변하지 않았지만, 주변은 여러 번 바뀌었습니다. 임대료는 조금씩 올랐고, 손님의 구성도 달라졌습니다. 공사 소음이 이어지던 시기에는 사람들의 발길이 끊기기도 했습니다. 그럴 때마다 주인들은 선택의 기로에 섰습니다. 문을 닫을 것인가, 버틸 것인가. 많은 경우 그들은 후자를 택했습니다. 다른 대안이 있어서라기보다, 여기를 떠나기 어려웠기 때문입니다.

저는 그들의 선택을 의지나 미담으로 설명하고 싶지 않습니다. 노포를 지킨다는 것은 가혹한 노동입니다. 체력은 점점 줄어들고, 새로운 변화에 적응하는 일도 쉽지 않습니다. 그럼에도 이 가게들이 유지된 이유는, 이곳이 누군가의 삶 전체와 연결되어 있기 때문입니다. 가게를 닫는다는 것은 직업을 바꾸는 일이 아니라, 삶의 방식 자체를 바꾸는 일이었을 테니 말입니다.

"자주 오던 손님이 오지 않으면 걱정부터 앞서죠."

어떤 노포의 주인이 하는 말을 들으면, 손님과의 관계 역시 단순한 거래를 넘어서는 일이라는 것을 알 수 있습니다. 몇 번 얼굴을 익히면 금세 서로의 안부를 묻는 사이가 됩니다.

"오랜만에 오셨어요", "아이고, 얼굴빛이 좋네요"라고 건네는 말속에는 정이 듬뿍 담겨 있습니다. 이런 날엔 반찬도 유난히 푸짐하게 올라옵니다. 가족이 먹으려고 만든 것이라며 간식을 나눠주기도 합니다. 이런 관계는 새로운 상권에서는 쉽게 만들어지기 어렵습니다. 오랜 시간 같은 자리를 지켜야만 가능한 관계입니다.

원도심 골목의 노포들은 도시의 변화를 가장 가까이에서 견뎌온 기록자이기도 합니다. 재개발 이야기가 돌 때마다 불안이 커졌고, 정책이 바뀔 때마다 생존의 조건도 달라졌을 겁니다. 그러나 그 변화의 중심에서, 이들은 하루도 빠짐없이 가게 문을 열었습니다. 도시의 굴곡은 이들에게 뉴스가 아니라 일상이었습니다.

저는 이 간판 아래에서 이어진 삶이 도시재생 논의에서 자주 빠진다는 점이 늘 아쉽습니다. 상권을 숫자로 분석할 수는 있지만, 그 숫자 뒤에 있는 시간까지 담아내기는 어렵습니다. 그러나 도시가 사람의 삶으로 이루어진 공간이라면, 이 노동의 시간 역시 정책의 고려 대상이 되어야 합니다.

전통시장과 노포를 지킨다는 것은 과거에 머무는 일이 아닙니다. 오히려 변화 속에서 삶을 유지하는 가장 현실적인 선택에 가깝습니다. 이 가게들이 품어온 시간은 성남 원도심이 완전히 비어 있지 않았다는 증거입니다. 오늘도 노포의 골목에는 불이 켜집니다. 수십 년 동안 골목상권을 지켜온 이들이 허리를 펴고 웃을 수 있도록, 제가 떠먹는 밥 한 술이 부끄럽지 않도록, 저도 부지런히 일해야겠다고 생각합니다.

성남을 만든 것은 거창한 구호가 아니었다

도시를 이야기할 때 우리는 종종 큰 말부터 꺼내곤 합니다. 성장, 혁신, 미래, 경쟁력 같은 단어들입니다. 하지만 원도심의 골목을 걷다 보면, 그런 말들이 얼마나 멀리 있는지 실감하게 됩니다. 이 골목을 여기까지 버티게 한 힘은 작지만 단단한 생활입니다.

성남을 만든 것은 거창한 구호가 아닙니다. 매일 같은 시간에 가게 문을 여는 일, 재료비를 계산하며 하루를 버티는 일, 손님이 없어도 불을 끄지 않는 선택이 이곳을 만들었습니다. 저는 원도심의 시장에서 노포들이 줄지어 있는 골목에서 우리 성남의 진짜 기초 체력을 봅니다. 대규모 개발이나 화려한 사업은 눈에 잘 띄지만, 도시의 일상은 그런 변화만으로 유지되지 않습니다. 도시를 살아 있게 만드는 것은 매일 반복되는 생활의 리듬입니다. 밥을 짓고, 먹고, 일하고, 다시 다음 날을 준비하는 흐름이 끊기지 않을 때, 도시는 '밥심'으로 버팁니다.

이곳은 도시가 잘 나가던 시기에도, 정체되던 시기에도 같은 자리에 있었습니다. 경기가 좋을 때는 함께 웃었고, 어려울 때는 먼저 타격을 받았습니다. 도시의 굴곡은 이 골목에서 가장 먼저 체감되었습니다. 도시의 변화가 지나가는 통로이자, 완충지대였던 셈입니다. 노포와 골목상권은 그 충격을 흡수해 온 장소였습니다.

저는 성남 원도심이 완전히 붕괴하지 않았던 이유 중 하나가 이 골목들에 있다고 생각합니다. 개발이 멈춰 있던 시간 동안에도 시장의 노포들은 문을 닫지 않았습니다. 그러나 이 힘은 쉽게 눈에 띄지 않습니다. 노포는 성과 지표로 잘 드러나지 않고, 정책 보고서의 중심에 서지도 않습니다. 보호의 대상이 아니라, 정리의 대상으로 분류되기도 쉽습니다. 하지만 도시를 실제로 버티게 한 힘은 늘 이런 자리에서 나왔다고 믿습니다.

저는 도시 정책이 이 사실을 더 진지하게 바라봐야 한다고 생각합니다. 성장만 이야기하기 전에, 무엇이 도시를 지금까지 버티게 했는지부터 살펴야 합니다. 매일 반복되는 삶이 뒷받침되지 않으면, 어떤 도시도 오래가지 못합니다. 이 사실을 잊지 않는 것이, 다음 변화를 준비하는 가장 현실적인 출발점이라고 생각합니다.

전통시장 현대화는 도시재생의 출발점이다

도시재생을 이야기할 때, 우리는 종종 건물부터 떠올립니다. 낡은 시설을 바꾸고, 외관을 정비하고, 동선을 새로 설계하는 일들입니다. 물론 필요한 일입니다. 그러나 저는 성남 원도심을 돌아보며, 도시재생의 출발점은 상권이라고 생각하게 되었습니다. 특히 전통시장은 도시가 스스로를 회복하는 힘이 어디에 있는지를 가장 분명하게 보여주는 공간이라고 말입니다.

전통시장은 단순한 판매 공간이 아닙니다. 이곳은 생활

의 흐름이 오가는 장소이고, 지역 경제가 순환하는 지점입니다. 그렇기에 전통시장을 '과거의 유산'으로만 다루는 방식에 동의하지 않습니다. 전통시장은 오래되었지만, 동시에 현재진행형입니다. 문제는 전통시장이 낡았다는 데 있지 않습니다. 변화하는 환경에 맞게 기능을 갱신할 기회를 충분히 얻지 못했다는 데 있습니다. 그래서 필요한 것은 철거가 아니라 현대화입니다.

전통시장 현대화는 외형을 바꾸는 일로 끝난다면 아쉬움이 남을 듯합니다. 시설 개선은 기본이고, 접근성과 안전, 위생과 편의성 같은 요소가 함께 고려되어야 합니다. 동시에 상인들이 변화에 적응할 수 있도록 지원하는 구조가 필요합니다. 전통시장을 지키는 일은 상인을 보호하는 데서 멈추지 않고, 시장이 계속 작동할 수 있는 조건을 만드는 일이니까 말입니다.

도시재생이 성공하려면 기존 상권이 배제되지 않아야 합니다. 새로운 공간이 만들어질수록 기존 시장과의 관계 설정이 중요합니다. 전통시장이 주변 개발과 유리될 경우, 도시는 두 개의 경제 구조로 갈라집니다. 반대로 전통시장이 변화의 흐름 안으로 들어올 수 있다면, 재생은 확장됩니다.

상권 보호를 '보호 정책'으로만 보지 않는 이유도 도시의 지속 가능성을 설계하는 일의 일부이기 때문입니다. 전통시

1990년대 단대천 복개 전 성호시장 노점 풍경

성호시장은 성남의 가장 오래된 시장 중 하나로 성남의 역사책이라고도 할 수 있는 곳입니다. 예전 모습은 역사 속으로 사라졌지만, 상대원 구역의 재개발로 인해 어떤 모습으로 재탄생할지 시민들과 함께 기대해 봅니다.

장이 무너지면, 원도심은 소비의 중심을 잃고, 생활 인구도 함께 빠져나갑니다. 반대로 전통시장이 유지되고 갱신되면, 도시는 외부 자본에만 의존하지 않는 구조를 갖게 됩니다.

전통시장 현대화의 핵심은 균형입니다. 완전히 새롭게 만들지도, 그대로 두지도 않는 선택. 기존의 관계와 기능을 존중하되, 현재의 생활 방식에 맞게 조정하는 접근이 필요합니다. 물론 이것은 단기간에 성과를 내기 어려운 작업입니다. 그러나 장기적으로 가장 안정적인 재생 방식이라고 생각합니다.

원도심의 시장과 노포를 둘러보며 어떤 방향이 이 지역에 도움이 되고, 지역의 발전이 성남 전체의 발전과 이어질 수 있을지 고민했습니다. 머리로 생각하던 것과 직접 발로 찾아와 두루 살펴본 것은 달랐습니다. 임대료 안정, 영업 환경 개선, 공동 마케팅과 디지털 전환 지원, 시장과 주변 상권을 연결하는 도시 설계까지, 전통시장 스스로 이 모든 변화를 감당할 수 없다는 생각이 들었습니다. 그렇기에 올바른 정책이 필요하고, 공공의 개입은 간섭이 아니라 지속을 위한 조건 설정이어야 한다는 것을 깨달았습니다.

일에 치여 지친 데다 날씨마저 유난히 쌀쌀한 날이면 골목 안쪽 깊숙이 자리 잡은 노포에서 말아주는 국밥 한 그릇이 저절로 생각납니다. 뜨끈한 국물에 깍두기 한 점 척 올려

먹으면, 이마에 땀이 송글송글 맺힙니다. 무심한 척 돌아서 있던 주인이 깍두기 그릇이 비기 무섭게 새 깍두기 그릇을 툭, 놓고 갑니다. 바닥까지 박박 긁으며 한 그릇 배불리 먹고 나면 조금 전까지 고민하고 걱정하던 것도 새까맣게 잊어버립니다. 밥심이 돌아오는 순간입니다.

이런 경험이 비단 제 개인적인 경험만은 아닐 겁니다. 이런 정이 오가는 전통시장을 지키는 일이 곧 원도심을 지키는 일 아닐까요. 전통시장이 살아 있어야 원도심이 비지 않습니다. 그래서 도시재생의 성패는 화려한 프로젝트가 아니라, 이런 공간을 어떻게 다루느냐에 달려 있습니다. 전통시장을 외면한 재생은 오래가지 못합니다. 이곳을 정리의 대상으로 볼 것인가, 재생의 주체로 볼 것인가. 저는 후자를 선택해야 한다고 생각합니다.

도시는 새로 지어질 수 있지만, 삶은 옮겨지지 않습니다. 전통시장 현대화가 중요한 이유는 여기에 있습니다. 이 공간이 계속 작동할 수 있도록 만드는 것, 그것이 성남 원도심 도시재생의 가장 현실적인 출발점이 될 것입니다.

4

변화가 희망이 되는 곳

상대원의 거대한 변화

성남 원도심의 지형을 바꿀 만큼 큰 변화가 진행되고 있는 곳이 바로 상대원 2·3구역 재개발입니다. 이 사업은 단순한 주거 환경 개선을 넘어, 중원구 원도심 전체의 인구 구조와 생활 동선을 바꾸는 규모의 변화를 예고하고 있습니다.

상대원동 일대는 오랫동안 공업지역과 주거지가 혼재된 공간이었습니다. 소규모 공장과 노후 주택이 뒤섞여 있고, 좁은 골목과 불규칙하게 배열된 건물 등 계획적으로 정비되기 어려운 구조를 안고 있었습니다. 상대원 2·3구역 재개발은 이러한 구조를 정비해 대규모 주거 단지와 생활 인프라를 새로 구축하는 사업입니다. 이 변화가 중요한 이유는 규모 때문입니다. 상대원 2·3구역 재개발이 완료되면, 이 일대에는 수천 세대의 새로운 주거 인구가 유입됩니다.

실제로 가서 본 상대원 2구역 재개발 현장은 제가 상상했던 것보다 훨씬 더 역동적인 변화를 품고 있었습니다. 철거와 이주가 대부분 완료되어 황량한 땅을 다지는 운반차와 굴착기가 분주하게 움직이고 있었습니다. 언덕을 가득 메웠던 오래된 주택은 자취를 감추고, 그 자리에 새 아파트를 세우기 위한 부지가 정리되고 있었습니다. 먼지가 이는 포클레인 소리를 들으며, 이곳이 머지않아 완전히 다른 얼굴로 재탄생할 것이라는 실감이 뼛속까지 와 닿았습니다.

상대원 3구역 역시 전국에서도 손꼽히는 대규모 재개발 사업으로 주목받고 있습니다. 45만여 평 부지에 펼쳐질 이 프로젝트는 교육 환경 영향 평가 절차 때문에 다소 지체되었으나, 주민대표회의 승인과 성남시·LH 간 시행 협약 준비가 진행되며 사업 속도가 붙고 있습니다. 이곳은 원도심의 또 다른 핵심 축으로, 향후 성남시 전체 원도심의 인구 구조와 주거 및 생활패턴을 바꾸는 중대한 역할을 하게 될 것입니다.

답사 중 유독 눈길을 끌었던 것은 성호시장과 같은 전통적 상권의 흔적이었습니다. 상대원동 인근에는 오래된 재래시장이 자리하고 있어 지역 주민의 일상과 삶의 풍경을 유지해 왔습니다. 하지만 재개발이 확대되면서 전통시장과 상가들이 어떤 변화를 겪게 될지 궁금해졌습니다. 재개발이

상대원 2구역과 상대원 3구역

재개발이 한창인 상대원 2구역의 철거된 모습과 재개발 예정지인 상대원 3구역의 미철거 모습을 보면 원도심의 변화가 피부로 와닿습니다.

도시 환경을 혁신하는 기회인 동시에, 기존 커뮤니티와 일상의 기억을 어떻게 보존해낼지에 대한 고민 또한 필요해 보였습니다.

이날 저는 언덕 위에서 내려다본 탁 트인 시야 속에서, 마치 오래된 도시가 새로운 도시로 재탄생하는 순간을 목도하는 듯한 느낌을 받았습니다. 단순한 건물 교체가 아니라, 사람과 사람을 연결하는 생활 축을 재정의하는 과정 그 자체였습니다. 그 변화의 중심에는 사람들의 일상, 기억, 관계가 놓여 있습니다.

재개발이라는 말은 종종 '철거'와 '새 건물'이라는 물리적 이미지로만 이해되기 쉽습니다. 그러나 상대원 2·3구역 재개발은 도시의 시간을 다시 쓰는 작업입니다. 이 변화는 성남 원도심의 지형을 바꿀 뿐 아니라, 지역 주민의 삶과 공동체를 다시 설계하는 일입니다. 완공 뒤 이곳이 어떤 모습으로 완성될지 아직은 예측하기 어렵습니다. 다만 현장에서 마주한 생생한 풍경과 사람들의 기대감은 분명히 도시가 새로운 기회를 향해 나아가고 있음을 증명하고 있었습니다.

상대원동의 변화는 이미 진행 중이며, 이 변화의 결말은 아직 쓰이고 있습니다. 그리고 그 서사는 우리의 삶과 도시가 어떻게 함께 성장할지에 대한 중요한 질문을 던지고 있습니다. 재개발이 완성되고 나면 '상전벽해'라는 말이 무슨

뜻인지 피부로 실감하는 장소가 될 것입니다.

단대오거리와 중앙동, 원도심 변화의 중심

단대오거리와 중앙동은 성남 원도심의 시간을 가장 솔직하게 품고 있는 장소입니다. 두 지역은 행정구역으로는 수정구와 중원구로 나뉘어 있지만, 생활권과 기억의 층위에서는 오래전부터 하나의 흐름으로 이어져 왔습니다.

단대오거리는 오랫동안 원도심의 관문 역할을 해왔습니다. 서울로, 분당으로, 그리고 성남 원도심 깊숙이 이어지는 길목에서 이곳은 늘 사람과 교통이 뒤섞이는 공간이었습니다. 지하철 8호선 개통 이후 이곳은 단순한 로터리가 아니라 생활 거점이자 환승의 중심으로 기능해 왔습니다. 병원, 학원, 소형 상가, 오래된 음식점들이 촘촘히 얽혀 있었고, 빠르게 소비되고 다시 채워지는 일상이 반복되는 곳이었습니다.

그러나 최근의 변화는 이전과 결이 다릅니다. 대규모 철거형 재개발이 아닌 소규모주택정비사업과 가로주택정비사업을 중심으로, '조금씩 그러나 확실하게' 풍경이 바뀌고 있습니다. 오래된 단독주택과 다세대주택이 단계적으로 정비되며, 중저층 공동주택과 생활형 상가가 들어서고 있습니다. 이 변화는 중앙동에 이르러 더욱 선명해집니다. 중앙동은 성남 원도심의 행정과 상권의 심장부였습니다. 중원구청과 전통 상권, 오래된 금융기관과 상가들이 밀집해 있었고, 성남 사람들에게 '중앙동'이라는 이름은 곧 중심이라는 의미였습니다. 하지만 한편으로는 노후 주거지와 협소한 도로, 오래된 건축물이 중첩된 공간이기도 했습니다.

최근 중앙동은 정비 관리지역 지정과 가로주택정비사업 승인을 통해 새로운 국면에 들어섰습니다. 이 변화의 핵심은 '전면 철거'가 아니라 생활을 유지한 채 구조를 바꾸는 방식입니다. 골목의 결을 최대한 살리면서 주거 환경을 개선하고, 보행과 생활 인프라를 재구성하는 방향입니다. 이는 중앙동이 과거의 중심성을 잃지 않으면서도, 현재의 삶에 맞게 스스로를 조정하고 있다는 신호입니다.

단대오거리와 중앙동의 변화는 성남 원도심 재생의 중요한 힌트를 제공합니다. 과거 성남의 재개발은 대규모 철거와 이전을 전제로 한 경우가 많았습니다. 속도는 빨랐지만, 관계와 기억은 쉽게 단절되곤 했습니다. 그러나 이 두 지역에서 진행 중인 변화는 속도보다 지속성, 효율보다 생활감을 우선에 두고 있습니다.

현장을 걷다 보면 이런 변화는 숫자보다 풍경에서 먼저

느껴집니다. 새로 지은 건물과 오래된 상점이 나란히 서 있고, 공사 중인 골목 옆에서 여전히 단골손님을 맞는 가게가 영업을 이어갑니다. 변화는 이미 시작됐지만, 삶은 아직 떠나지 않았습니다. 이 공존의 시간이야말로 단대오거리와 중앙동이 겪고 있는 가장 중요한 전환기입니다.

희망대공원,
어둠에서 빛으로의 진화

단대오거리에서 희망대공원으로 걸음을 옮깁니다. 한때는 군부대와 교도소가 있던 땅이었지만 시민의 휴식처이자 배움의 장소로 다시 태어난 곳입니다. 1987년 10월 당시 민주당 김대중 고문이 희망대공원에서 민주 정부 수립을 위한 대강연회를 개최했는데 15만 명의 군중이 이곳에 모였고, 강연 후 성남시청까지 무개차(無蓋車) 퍼레이드를 펼쳤던 역사적인 장소이기도 합니다.

희망대공원은 1970년대 초반 도시계획 속에서 처음 모습을 드러냈습니다. 당시 이곳은 성남시의 중심권에서도 비교적 높은 지형이었고, 시가지를 한눈에 내려다보는 전망대 역할을 했습니다. 희망대라는 지명은 군부대와 교도소를 함께 불렀던 이름에서 유래했다고 알려져 있습니다. 1960~1980년대 이 일대에는 육군 교도소가 자리 잡고 있었고, 그 시설 이름이 곧 지역의 지명이 되었다는 기록이 있습니다. 이곳은 도시개발과 역사적 기억이 교차하는 지점이자, 원도심 공동체가 형성돼 온 장소이기도 했습니다.

이후 수십 년 동안 희망대 지역은 도시의 배경처럼 존재했습니다. 1980년대까지 공원 부지는 어린이들의 소풍 장소로 사랑받았고, 주변 초등학교 학생들에게는 자연과 놀이의 공간이었습니다. 1983년 경기도립도서관이 자리하면서 이 공원은 단순한 녹지 공간을 넘어 문화와 학습의 중심지로 자리매김했습니다. 이후 1997년 성남시가 보다 체계적인 공원 시설로 조성하며 잔디밭, 분수, 산책로, 운동 시설 등을 갖춘 도시공원으로 재정비했습니다.

공원 주변에는 성남도립도서관과 청소년수련관이 나란히 있어, 이곳이 단순한 녹지 공간 이상의 역할을 하고 있음을 보여주었습니다. 도서관에서 책을 읽고 나와 잔디광장에서 아이들이 뛰노는 풍경, 운동장을 가로질러 조깅하는 중년의 시민까지, 다양한 세대가 공원을 오갔습니다. 이 장면은 한때 교도소와 황량한 군 시설이 있던 곳이라는 사실을 잠시 잊게 했습니다.

공원 중앙에는 과거의 흔적을 상기시키는 기념물 대신 팔

제1공단 부지 근린공원

대장동 개발 이익으로 조성된 성남 제1공단 부지 근린공원 모습입니다. 앞으로도 시민들을 위한 공간을 꾸준히 마련해 갈 예정입니다.

각정과 시민헌장비가 자리 잡았습니다. 시민헌장비에는 "생명 존중의 정신과 진취적 기상으로 쾌적한 녹지도시를 건설한다"라는 문구가 새겨져 있습니다. 이 한 문장은 공원이 걸어온 시간과 도시가 바라는 미래를 동시에 담고 있었습니다.

희망대공원의 변화는 단지 풍경의 변화가 아닙니다. 이곳은 도시의 기억이 재구성되는 장소입니다. 과거 교도소가 위치했던 이곳에서 시민들은 자유롭게 산책을 하고, 친구·가족과 소풍을 즐기고, 공부하거나 사색에 잠깁니다. 어둠이 빛으로 바뀌는 순간이 바로 이런 풍경 속에 녹아 있습니다.

산책로를 따라 걷다 보면 여러 세대가 공원을 공유하는 풍경이 눈에 들어옵니다. 벤치에 앉아 책을 읽는 청소년, 강아지와 함께 산책하는 노부부, 운동 기구에서 땀을 흘리는 시민들. 이 모든 것이 한 공간 속에서 벌어지는 일상적 장면입니다. 한때 억압과 통제의 기억이 남아 있던 이곳이, 삶의 공간으로 다시 쓰이고 있다는 사실은 특별한 감흥을 줍니다.

또 하나 주목할 점은 교육·문화 공간으로서의 확장성입니다. 공원과 연접한 수정청소년수련관에서는 다양한 체험과 학습 프로그램이 운영됩니다. 청소년은 자연을 체험하고, 도서관에서는 학습과 독서 활동이 이루어집니다. 이러한 공간 구성은 단순한 공원 조성을 넘어 지속 가능한 도시 생활환경의 모델을 제시합니다. 몇 해 전 이곳에서는 어린

이날 인형극과 장기자랑 같은 시민 참여형 행사도 열렸습니다. 이런 프로그램은 공원을 일상의 일부로 만들며 공동체의 결속을 강화하는 역할을 했습니다.

희망대공원의 변화는 성남시 원도심이 겪고 있는 도시적 전환과 맥을 같이 합니다. 과거 원도심은 서울 근교의 한 지역에 불과했지만, 도시가 확장되면서 그 정체성과 기능이 재정의되는 과정을 겪었습니다.

그러나 최근 2018년부터 추진돼 온 장기 사업인 희망대근린공원 '랜드마크 조성 사업'이 중단·무산되어 안타깝기 그지없습니다. 설계·감리 등 이미 공사가 진행된 뒤라 투입된 비용의 정산이 쟁점이 되기도 했으나, 근본적으로 행정 절차 부재와 소통 부족, 예산 집행 책임성 등 책임 있는 행정에 대한 아쉬움을 토로하는 주민들이 많습니다. 희망대공원이 원도심의 '과거-현재-미래'를 잇는 연결축으로 진화해서 어둠 속에 묻혀 있던 기억이 시민들의 웃음과 발걸음 속에 녹아 새로운 의미를 가질 수 있도록 저도 있는 힘껏 힘을 보태고 싶습니다.

공원이 내려다보는 언덕에서 저는 잠시 오래된 지도를 상상했습니다. 과거 이 장소가 교도소였다는 기록과 기억은 과거의 기억으로 흡수되었고 이제는 더 넓고 포용적인 공간으로 환원되었습니다. 앞으로 시민 한 명 한 명의 발걸음 속에서 희망의 이름은 계속해서 새롭게 불릴 것입니다.

5

남한산성에서 성남을 바라보다

생각이 많을 때는 남한산성으로

생각이 많아지거나, 마음의 호흡을 크게 가져가야 할 때 저는 남한산성을 찾곤 합니다. 결론을 얻기 위해서라기보다, 생각의 기준을 다시 세우기 위해서입니다. 남한산성은 조선시대에 축성된 산성으로, 지금의 서울과 경기 남부를 동시에 조망할 수 있는 해발 480미터 안팎의 능선을 따라 형성돼 있습니다. 본격적인 축성은 1624년(인조 2)에 시작되어, 1626년 완공되었습니다. 이 산성은 유사시 국왕이 입성해 국정을 이어갈 수 있도록 설계된 비상 수도 개념의 산성이었습니다. 단순한 방어 거점이 아니라, 정치·군사·행정 기능을 함께 고려한 공간이었습니다.

남한산성 안에는 실제로 행궁과 관아, 군사시설, 창고와 사찰이 함께 자리했습니다. 이는 이 산성이 전쟁을 대비한 시설이면서도, 사람이 머물며 통치를 지속해야 하는 공간이었음을 보여줍니다. 성곽의 축조 방식 역시 지형을 인위적으로 깎아내기보다는 능선을 따라 자연스럽게 이어졌습니다. 성벽은 직선보다 곡선이 많고, 문과 치성의 배치는 관측과 방어를 동시에 염두에 둔 구조입니다.

병자호란 당시 남한산성은 실제로 조선의 최후 방어 거점이 되었습니다. 1636년 인조가 이곳으로 들어와 약 45일간 항전했지만, 결국 삼전도의 굴욕이라는 결과를 맞이하게 됩니다. 이 사건을 다룬 영화 〈남한산성〉을 아마 많이 보셨을 겁니다. 누군가는 남한산성을 '패배의 장소'로 기억할지도 모르지만, 누군가는 '삶의 장소'라고 생각할 겁니다. 치욕을 견디며 살아가는 것과 자존을 지키며 죽는 것, 어느 쪽이 반드시 옳다고 말하기는 어려운 듯합니다.

이것을 단지 과거 역사의 한 장면이라고 할 수만은 없을 겁니다. 우리도 매일 어려운 선택 앞에 놓입니다. 내가 한 선택이 옳다고 확신할 때도 있지만, 가지 않은 또 다른 길에 대해 아쉬움도 남지 않던가요.

남한산성은 역사적·건축적 가치를 인정받아 2014년 유네스코 세계문화유산으로 등재되었습니다. 평가의 핵심은 단

남한산성 지화문(남문) 전경(위)과 행궁(아래)

남한산성은 유네스코 세계문화유산으로, 오래된 역사가 곳곳에 스며 있습니다.

순한 성곽의 규모가 아니라, 산성과 주변 도시, 지형이 맺어 온 관계였습니다. 남한산성은 고립된 유적이 아니라, 서울과 경기 남부의 방어 체계와 도시 형성 과정 속에서 기능해 온 입체적 유산으로 평가받았습니다. 남한산성은 한말 의병 활동의 중심 무대였으며, 일제강점기에는 3·1운동의 봉화를 높이 들었던 민족 지존의 역사를 간직한 곳입니다.

그러나 남한산성에는 영광만큼이나 깊은 상처도 남아 있습니다. 일제는 1905년 을사늑약을 강제로 체결한 이후, 남한산성을 체계적으로 훼손하기 시작했습니다. 1907년 8월 1일, 조선의 병권을 장악한 뒤 군대를 강제로 해산시키면서 산성의 기능은 더 이상 필요 없는 것으로 취급되었습니다. 그 과정에서 남한산성 안에 있던 200여 곳의 무기고와 화약고가 차례로 폭파되었습니다.

파괴는 군사시설에 그치지 않았습니다. 산성 안에 남아 있던 각종 문화재 역시 일제의 손에 의해 철저히 훼손되었습니다. 특히 남한산성의 중심 공간이던 행궁 250여 칸이 완전히 파괴되면서, 이곳은 단순한 유적이 아니라 역사의 상흔을 고스란히 안은 장소가 되었습니다. 지키기 위해 쌓았던 성은, 그렇게 한 시대의 폭력 앞에서 무너졌습니다.

그러나 남한산성은 '치욕의 장소'가 아닙니다. 이곳은 2,000년 민족의 정기가 켜켜이 스며 있는 자리이자, 뜨겁게 흔들렸던 역사의 현장입니다. 패배의 기억이 남아 있다고 해서 그 땅의 의미까지 사라지는 것은 아닙니다. 오히려 남한산성은 한 시대의 한계를 넘어, 나라를 지키기 위해 어떤 선택을 했는지가 고스란히 남아 있는 장소입니다.

제가 생각이 많아질 때 남한산성을 찾는 이유도 여기에 있습니다. 이곳에 서면 판단이 쉬워지지 않습니다. 대신 선택의 무게가 느껴집니다. 무엇이 옳았는지를 단정하기보다, 그 상황에서 어떤 결정을 내릴 수밖에 없었는지를 생각하게 됩니다. 남한산성은 답을 주는 장소가 아니라, 쉽게 답을 내리지 않게 만드는 장소입니다.

그래서 이곳을 걸을 때면, 개인의 고민 역시 다른 결로 다가옵니다. 눈앞의 문제를 당장 해결하지 못하더라도, 지금 내가 서 있는 자리와 지켜야 할 가치가 무엇인지를 다시 묻게 됩니다. 남한산성은 과거의 상처를 감추지 않으면서도, 그 상처 위에 책임과 품격을 남겨온 공간입니다. 그 점에서 이 산성은 치욕의 기록이 아니라, 버티며 선택해 온 역사의 증거로 남아 있습니다. 남한산성은 언제나 같은 자리에서서, 우리가 어떤 선택 위에 서 있는지를 조용히 되묻습니다. "너는 지금 어떤 길을 가려고 하느냐?"라고 말입니다.

금광동과 은행동이 견뎌온 시간

남한산성 성곽 위에 서면, 성남의 지형이 한눈에 들어옵니다. 멀리 분당과 판교의 평탄한 윤곽이 먼저 보이고, 시선을 조금 낮추면 굽이진 도로와 빼곡한 주거지가 겹쳐 나타납니다. 그중에서도 유독 눈길이 머무는 곳이 있습니다. 산자락을 따라 층층이 올라선 금광동과 은행동의 고지대입니다. 위에서 보면 도시의 가장 높은 곳에 자리한 동네지만, 삶의 무게는 결코 가볍지 않아 보입니다.

남한산성에서 내려다본 금광동과 은행동은 평면 지도로는 읽히지 않는 풍경을 드러냅니다. 길은 곧게 뻗지 않고, 집들은 지형을 따라 몸을 기울여 서 있습니다. 계단과 경사가 일상이고, 버스 정류장까지의 거리는 짧아 보여도 체감은 늘 깁니다. 이곳의 높이는 전망을 주지만, 동시에 불편을 동반합니다. 고지대에 산다는 것은 시야가 트인다는 뜻이 아니라, 매일의 이동에 더 많은 힘이 필요하다는 의미에 가깝습니다.

이 동네의 주민들은 오랫동안 그 불편을 감수해 왔습니다. 무거운 장바구니를 들고 오르는 계단, 겨울이면 더 미끄러운 길, 응급 상황에서 더디게 느껴지는 접근성. 엘리베이터 없는 주택에서 나이 드는 일은, 다른 지역보다 조금 더 빠르게 체력을 소모하게 만듭니다. 그럼에도 이곳에는 여전히 사람들이 살고 있습니다. 떠나지 못해서라기보다, 여기서 삶을 이어가야 했기 때문입니다.

고지대 주거지는 성남 원도심 형성 과정의 결과이기도 합니다. 계획된 편의 위에 세워진 곳이 아니라, 필요에 의해 선택된 자리였습니다. 그래서 이곳의 불편은 개인의 선택이 아니라, 도시 구조가 남긴 과제에 가깝습니다.

남한산성에서 내려다보면, 이 고지대가 오랫동안 변화에서 비켜서 있었던 것처럼 보이기도 합니다. 하지만 가까이 다가가 보면 이야기는 달라집니다. 골목은 조금씩 정비되고 있고, 소규모 주택 개선과 기반 시설 보완이 이어지고 있습니다. 변화의 속도가 느릴 뿐, 멈추어 있지는 않습니다. 문제는 이 더딘 변화가 주민들에게 늘 체력과 인내를 요구해 왔다는 점입니다.

위에서 보면 모두 같은 높이처럼 보이지만, 그 높이를 매일 오르내리는 사람들의 삶은 결코 같지 않습니다. 고지대의 삶이 있는 한 도시 정책 또한 더 세심해져야 합니다. 이곳의 환경을 개선하는 일은 특정 지역만을 위한 배려가 아니라, 성남 전체의 삶의 기준을 끌어올리는 일입니다.

삶이 가까워질 때
정책은 시작된다

남한산성에서 내려오는 길은 올라갈 때와 전혀 다르게 느껴집니다. 시야는 조금씩 낮아지고 대신 일상의 소리가 가까워집니다. 바람이 먼저 들리던 자리에 사람의 발소리가 겹치고, 나무 사이에 깃들어 있던 침묵 대신 생활의 기척이 스며듭니다. 산성 위에서는 도시가 한 장의 지도처럼 보였다면, 내려오는 길에서는 그 도시가 다시 사람의 높이로 돌아옵니다.

돌계단을 따라 내려오며 가장 먼저 들리는 것은 차 소리입니다. 멀게 느껴졌던 도로의 소음이 점점 분명해지고, 경적과 엔진음이 일상의 배경으로 돌아옵니다. 그 소리는 단순한 소음이 아니라, 누군가 출근하고 누군가 퇴근하며, 누군가는 오늘을 버텨내고 있다는 신호처럼 들립니다. 도시의 소리는 늘 그렇게, 정책이 다뤄야 할 현실의 언어로 다가옵니다.

산길이 끝나고 주거지와 맞닿는 지점에서 풍경은 더욱 구체적입니다. 경사진 골목, 버스 정류장에 서 있는 사람들, 천천히 걸음을 옮기는 노인의 뒷모습. 남한산성 위에서 보던 금광동과 은행동의 고지대는 더 이상 하나의 풍경이 아니라, 지금 이 순간의 생활공간으로 다가옵니다. 남한산성 위에서 성남을 내려다볼 때는 큰 구조가 보이지만, 내려오며 마주하는 것은 작은 불편들입니다. 계단 하나, 정류장 하나, 가로등 하나의 위치가 하루의 피로를 좌우합니다. 정치의 역할은 이 사소해 보이는 요소들을 개인의 감내로 두지 않고 공공의 과제로 전환하는 일입니다.

그리고 정책의 속도에 대해서도 다시 생각하게 됩니다. 위에서는 모든 것이 느리게 보입니다. 그러나 내려와 보니, 느린 것은 변화가 아니라 체감입니다. 행정 절차는 진행되고 있지만, 주민의 일상에서 변화가 느껴지기까지는 시간이 필요합니다. 이 간극을 줄이는 것이 정치의 역할입니다. 계획을 발표하는 순간이 아니라, 삶이 달라졌다고 말할 수 있는 순간을 기준으로 정책을 점검해야 합니다.

남한산성에서 내려와 다시 도시에 발을 디디면, 추상적인 단어들은 힘을 잃습니다. 대신 질문이 남습니다. 이 길은 누구에게 안전한가, 이 정류장은 누구에게 먼가, 이 동네에서 나이 드는 일은 얼마나 힘든가. 정치인은 이 질문을 외면하지 않아야 합니다. 답을 모두 알고 있어서가 아니라, 질문을 계속 붙잡고 있어야 하는 자리이기 때문입니다.

남한산성에서 내려오는 길은 그래서 제게 하나의 연습처럼 느껴집니다. 높은 곳에서 생각하고, 낮은 곳에서 확인하는 연습입니다. 도시를 멀리서 바라보는 시야와, 사람 곁에서 듣는 소리를 함께 가져가는 일입니다. 그 두 시선을 동시에 잃지 않을 때, 정책은 비로소 삶에 닿을 수 있습니다. 남한산성의 돌길이 끝나는 지점에서 저는 다시 도시 속으로 들어옵니다. 그리고 다짐합니다. 오늘 내려오며 본 풍경과 들은 소리, 그때 떠올린 것을 생각으로만 남기지 않겠다고 말입니다.

Part 2

도약의 시간: 분당

1990년대 초반, 분당은 1기 신도시라는 이름으로 출발했다. 이전의 성남이 삶이 먼저 도착한 도시였다면, 분당은 계획이 먼저 도착한 도시였다.

분당은 설계에서부터 분명한 목적을 지녔다. 단순히 주택을 공급하는 데서 멈추지 않고, 일자리와 교육, 공원과 교통, 생활 인프라가 함께 작동하는 도시를 만들겠다는 구상이었다. 주거는 밀집하되 숨 쉴 공간을 남겨두었고, 길은 자동차보다 사람의 동선을 먼저 고려했다. 중앙공원과 탄천, 수많은 근린공원은 부속물이 아니라 도시의 골격이었다.

초기의 분당은 아직 비어 있는 땅이 많았고, 생활권도 완전히 자리 잡지 않은 상태였다. 그러나 이 도시는 기다림을 전제로 만들어졌다. 학교와 도서관, 문화 시설은 순차적으로 들어섰고, 주민들은 도시가 완성되어 가는 시간을 함께 견뎠다. 분당의 시민의식은 이 과정에서 형성되었다. '이미 갖춘 도시'가 아니라 '함께 만들어 가는 도시'라는 감각이었다.

시간이 흐르며 분당은 한국 도시 역사에서 하나의 기준점이 되었다. 1기 신도시 중에서도 가장 안정적으로 작동하는 도시, 계획도시가 일상 도시로 안착한 사례로 자주 언급되었다. 공공 인프라에 대한 지속적인 투자, 보행과 녹지를 중심에 둔 도시 구조, 그리고 이를 당연한 권리로 요구해 온 시민들의 태도가 함께 만든 결과였다. '천당 아래 분당'이라는 자부심은 '사람의 삶을 중심에 두고 작동해 왔다'라는 경험에서 나왔다.

이제 분당은 노후화와 재건축, 세대교체라는 새로운 과제를 마주하고 있다. 계획이 먼저 도착했던 도시는 이제 다시 선택의 기로에 서 있다. 무엇을 지키고, 무엇을 바꿀 것인가. 그것이 무엇이든 분당의 다음 시간은 더 높은 도약으로 이어질 것이다.

NAVER

분당 신도시와 탄천

분당 신도시의 주상복합 아파트와 탄천의 모습은 언제 보아도 조화롭습니다. 지난 30년 동안 1기 신도시의 역할을 충분히 해온 분당이 새로운 도시의 기준을 제시하고 있습니다.

6

깊게, 숨 쉬는 자리

생활 속에 스며든 자연, 분당중앙공원

원도심에서 분당으로 넘어오며 가장 먼저 가야 할 곳은, 사실 오래전에 제 마음속에 이미 정해져 있었습니다. 분당중앙공원이었지요. 이 선택에는 개인적인 인연이 있습니다.

저는 정치에 발을 들여놓기 훨씬 전, 2001년부터 분당에서 살기 시작했습니다. 두 아이 모두 아토피와 천식으로 고생하던 시기였습니다. 치료에 조금이라도 도움이 될 만한 환경을 찾다 보니, 자연스럽게 분당이 눈에 들어왔습니다. 여러 야산이 도시를 감싸고 있었고, 곳곳에 녹지 공원이 자리 잡고 있었으며, 무엇보다 탄천이 흐르고 있었습니다. 풍경은 탁 트여 있었고, 공기는 분명히 달랐습니다. 도시였지만 숨이 막히지 않았고, 생활이 자연에 너무 멀어지지 않은 곳처럼 느껴졌습니다.

제가 정착한 곳은 수내동 푸른마을이었습니다. 불곡산 기슭에 기대어 있고, 중앙공원까지 걸어서 닿을 수 있는 위치였습니다. 당시에는 그저 '살기 편한 동네'라고 생각했지만, 시간이 지나 돌아보니 그 선택은 분당이라는 도시의 성격을 가장 먼저 몸으로 이해하게 만든 계기였습니다.

중앙공원은 늘 그 자리에 있었습니다. 특별한 행사를 기다리지도 않고, 화려함을 앞세우지도 않았습니다. 다만 아침마다 사람들이 드나들고, 계절이 바뀔 때마다 표정을 달리하며, 분당이라는 도시가 지향했던 '맑고 깨끗한 일상'을 묵묵히 보여주고 있었습니다. 그래서 원도심에 이어 분당을 답사하는 첫걸음 역시, 저는 자연스럽게 이 공원으로 향하게 됩니다.

분당중앙공원에 들어서면, 도시가 잠시 속도를 낮추는 소리가 들립니다. 공식 명칭은 분당중앙공원이지만 성남 시민들은 '중앙공원'이라고 부르는 곳입니다. 차도에서 몇 걸음만 안쪽으로 들어왔을 뿐인데 공기는 달라지고, 걸음은 자연스럽게 느려집니다. 저는 이 공원을 '분당 사람들의 숨'이라고 부르곤 합니다. 숨은 대개 조용하지만, 없으면 곧바로 삶이 거칠어지기 때문입니다.

분당중앙공원과 한산 이씨 고택

분당 답사의 첫걸음은 자연스럽게 중앙공원에서 시작하게 됩니다. 분당이 왜 '공원 도시'인지 실감할 수 있는 곳이기도 합니다. 공원에 자리한 한산 이씨 고택은 이곳이 단순한 휴식 공간이 아니라 분당이라는 도시의 과거가 함께한 곳임을 확인하게 합니다.

겨울 햇빛이 낮게 깔린 숲길을 따라 걷다 보니, 새삼 분당이 왜 '공원 도시'로 불렸는지 거듭 실감합니다. 중앙공원은 잘 꾸민 조경이 아니라, 도시의 일상에 붙어 있는 숲에 가깝습니다. 운동하는 사람, 유모차를 미는 사람, 벤치에서 책을 읽는 사람, 그리고 아무 말 없이 걷는 사람까지. 공원은 누구에게도 이유를 묻지 않고 자리를 내줍니다.

제가 중앙공원을 사랑하는 이유는 자연이 지나치게 전면에 나서지 않아서입니다. 나무는 과시하지 않고, 길은 사람을 몰아붙이지 않습니다. 그래서 걷다 보면 어느새 속도가 풀립니다. 중앙공원은 '보여주기 위한 자연'이 아니라, 생활 속에 스며든 자연입니다. 도시의 중심부에 있지만, 중심을 주장하지 않는 태도. 그 점이 중앙공원을 오래 사랑하게 만드는 이유입니다.

길을 따라 걸으며 안쪽으로 들어가면, 한산 이씨 묘역이 조용히 자리하고 있습니다. 조선시대부터 이어져 온 이 묘역은, 분당이 신도시가 되기 훨씬 이전부터 이 땅에 사람이 살았고, 삶과 죽음의 시간이 켜켜이 쌓여 왔다는 사실을 들려줍니다. 신도시의 시간 위에, 더 오래된 시간이 겹쳐 있는 풍경입니다. 분당 신도시 개발 과정에서 이전되지 않고 원위치가 보존된 결과인데, 보존 가치가 있는 유적을 공원 안에 흡수하는 방식을 택한 덕분입니다. 이런 사실을 알고 중앙공원을 걷다 보면 숲과 길이 한층 다른 깊이로 다가옵니다.

한산 이씨 묘역에서 조금 떨어진 곳에 수내동 한산 이씨 고택이 남아 있습니다. 기와지붕 아래 낮은 처마와 마당은, 아파트 단지와는 전혀 다른 리듬으로 시간을 견뎌온 집입니다. 저는 이 고택을 볼 때마다 분당중앙공원이 품고 있는 또 하나의 성격을 떠올립니다. 이곳은 단순한 휴식 공간이 아니라, 분당이라는 도시가 시작되기 이전의 기억까지 함께 품은 장소라는 점입니다. 공원이 과거를 설명하지는 않지만, 과거가 공원 안에서 자연스럽게 숨 쉬고 있습니다.

공원 중심부에 가까워지면 연못과 물길이 나타납니다. 물은 늘 도시를 정직하게 비춥니다. 하늘의 색을 그대로 받아들이고, 바람의 방향에 따라 표정을 바꿉니다. 중앙공원의 연못은 크지 않지만, 충분히 휴식을 취하며 머무는 곳입니다. 아이들은 물가에 앉아 돌을 던지고, 어른들은 난간에 기대 잠시 생각을 멈춥니다.

중앙공원은 자연과 사람이 만나는 방식이 과하지 않습니다. 인위적인 '힐링'을 강요하지도 않습니다. 쉼은 선택이고, 걷는 것도 선택입니다. 그래서 이곳에서는 아무것도 하지 않는 시간이 자연스럽습니다. 도시 속에서 드물게 허락된, 아무 일도 일어나지 않아도 되는 공간입니다.

쉼이 있는 공간, 율동공원

분당에는 중앙공원과 더불어 멋진 대형 공원이 또 한 군데 있습니다. 시민들의 사랑을 듬뿍 받는 율동공원입니다. 자연의 아름다움을 최대한 살리되 넓은 저수지를 둘러싼 부드러운 산책로, 곳곳에 자리한 포토존, 분수대, 인공암벽, 배드민턴장, 발 지압장, 잔디광장, 갈대밭, 사계절 꽃동산 등 다양한 볼거리, 놀거리, 즐길거리도 많아서 가족과 함께 오기에도 아주 좋습니다.

율동공원 곳곳에는 다양한 조형물이 설치되어 있는데, 볼 때마다 미소를 짓게 되는 것은 다람쥐 가족입니다. 백제시대 때부터 밤나무가 많아서 '율동'이라는 이름이 붙었다고 하는데, 그러고 보면 다람쥐 가족이 율동공원의 진정한 심벌인지도 모르겠습니다.

율동공원은 봄 여름 가을 겨울 사계절이 모두 아름답지만 저는 특히 형형색색의 단풍이 물드는 가을을 좋아합니다. 성남의 '단풍 명소'라는 이름이 괜히 붙은 게 아닙니다.

신도시는 종종 효율로 평가받습니다. 동선이 빠른지, 시설이 충분한지, 생활이 편리한지. 그러나 중앙공원과 율동공원은 그런 기준과 조금 다른 질문을 던집니다.

쉼이 있는 공간, 율동공원

분당 주민들은 물론 주변 도시의 시민들까지 찾아와서 호수를 따라 걷는 율동공원은 사시사철 아름답습니다. 다양한 시설이 갖추어져 있어 가족과 함께 소풍을 오기에도 좋은 곳입니다(번지점프대는 현재 철거되었습니다).

"이 도시는 사람에게 숨 쉴 자리를 내어주고 있는가."

저는 이 질문에 두 공원이 묵묵히 고개를 끄덕이고 있다고 느낍니다. 이곳은 도시의 기능을 설명하지 않고, 도시의 태도를 보여줍니다. 공원을 걷다 보면, 분당이라는 도시가 결코 차갑게 설계된 공간만은 아니라는 사실을 깨닫게 됩니다. 숲과 길, 물과 벤치, 그리고 오래된 흔적들이 겹쳐 있는 이곳은 분당의 속살에 가깝습니다. 겉으로는 반듯하고 정돈된 도시지만, 그 안에는 이렇게 느슨하고 유연한 공간이 필요했음을 알고 있었던 것처럼 보입니다.

저는 중앙공원과 율동공원을 '분당의 호흡기'라고 생각합니다. 아침마다 숨을 들이마시고, 저녁이면 하루의 긴장을 내쉬는 곳. 이 공원들이 없다면 분당은 여전히 편리한 도시일 수는 있어도, 오래 살고 싶은 도시는 되기 어려웠을지도 모릅니다. 숨이 없는 몸이 오래 버티지 못하듯, 쉼이 없는 도시는 금세 거칠어지기 때문입니다. 도시가 변해도, 계절이 바뀌어도, 이곳에 오면 늘 편안함을 느낍니다.

정신없이 바쁘게 살더라도 중앙공원과 율동공원에선 저절로 걸음을 늦추게 됩니다. 공원이 걷는 사람에게 말을 걸지 않지만, 멈추는 법을 잊지 않게 하는 장소이기 때문입니다. 그리고 그 점에서, 중앙공원과 율동공원은 분당이라는 도시

미완의 완성, 물빛정원

탄천과 동막천, 두 물줄기가 하나로 어우러지는 분당 구미동에는 과거 하수 종말처리장이 있었는데, 이제는 시민들의 쉼터인 '물빛정원'으로 거듭나 푸르름을 더하고 있습니다. '미완의 완성'으로 남아 있는 물빛정원이 진정한 의미의 '힐링 공간'으로 만드는 일, 그것은 미뤄졌던 약속을 끝내 지키는 일이라고 믿습니다.

가 스스로에게 남겨둔 가장 지혜로운 여백처럼 느껴집니다.

미완의 완성, 물빛정원

분당중앙공원과 율동공원은 자다가도 일어나서 가고 싶은 마음이 들 정도로 마음의 쉼표가 되는 곳입니다. 또 한 곳은 오리역 인근의 물빛정원입니다.

이곳은 원래 하수종말처리장이 있던 곳입니다. 구미동 하수종말처리장은 1997년 12월 완공된 이후, 2008년 학교시설로 도시관리계획이 변경되었지만 실제 활용으로 이어지지 못한 채 약 25년간 방치되었습니다. 도시 한복판에 남겨진 이 공간은 기능을 잃은 시설이자, 주민들에게는 늘 아쉬운 풍경으로 남아 있었습니다. 저는 이 문제를 단순한 유휴부지의 문제가 아니라, 도시가 주민의 삶을 어떻게 회복할 것인가라는 질문으로 바라보게 되었습니다.

전환의 계기는 분명했습니다. 이재명 경기도지사와의 면담을 통해, 이 공간을 구미동 주민들을 위한 장소로 되돌려야 한다는 필요성을 분명히 전달했습니다. 그 결과 2020년 6월, 저밀도 개발을 전제로 한 시가화용지 변경이 성남시 도시기본계획에 반영되어 승인되었습니다. 오랜 시간 멈춰 있던 공간이 비로소 도시의 시간으로 다시 편입된 순간이었습니다.

이후 21대 총선 과정에서 저는 이곳에 복합문화예술공간을 유치하겠다고 약속했습니다. 성남시와 협의해 도시재생혁신지구 추진을 통해 약 1,200억 원 규모의 다목적 복합문화예술공간을 조성하는 계획이었습니다. 분당 남부권에 상대적으로 부족했던 문화 인프라를 보완하고, 오리역 상권과 지역경제 활성화까지 함께 도모할 수 있는 구상이었습니다. 주민생활문화센터, 어린이문화센터, 도서관과 교육·체험 공간, VR·AR 체험관, 청년 문화예술 레지던시, 아트카페와 뮤지엄숍, 옥상정원과 조각공원, 기념광장까지. 이 공간은 단순한 건축물이 아니라, 세대와 삶이 만나는 생활 문화의 플랫폼이 될 수 있었습니다.

사업 추진 과정에서도 저는 성남시와 관계 기관과 긴밀히 협조하며 도시재생혁신지구 지정을 추진하고, 국비 확보와 함께 기본 설계와 실시 설계 단계에서 주민 의견이 적극 반영될 수 있도록 주민들과 함께하겠다는 원칙을 세웠습니다. 이 공간만큼은 위에서 정해지는 시설이 아니라, 시민이 원하는 공간으로 완성되는 장소가 되어야 한다고 생각했기 때문입니다.

그러나 안타깝게도 계획은 끝까지 이어지지 못했습니다. 은수미 시장 시절 약 1,200억 원 규모로 구상되었던 도시재생 사업은, 이후 '1단계 재생사업'이라는 이름으로 축소되었습니다. 총 4,325제곱미터 규모의 부지에 뮤직홀과 카페, 휴게 공간을 조성하는 방향으로 계획이 변경되면서, 애초 그려졌던 도시의 큰 그림은 상당 부분 접히게 되었습니다.

그 결과 물빛정원은 완성된 듯 보이지만, 어딘가 비어 있는 공간으로 남았습니다. 저는 이곳을 볼 때마다 '미완의 완성'이라는 말이 떠오릅니다. 정책이 일관성을 잃을 때, 그 부담은 행정 내부가 아니라 고스란히 지역 주민들에게 돌아옵니다. 기대가 컸던 만큼, 남은 아쉬움도 깊을 수밖에 없습니다.

그럼에도 저는 이 이야기를 과거형으로만 남기고 싶지는 않습니다. 도시는 한 번의 선택으로 끝나지 않기 때문입니다. 다시 기회가 온다면, 이 공간을 제대로 완성하고 싶습니다. 구미동 주민들의 몸과 마음이 푸근하게 쉬어갈 수 있는 곳, 아이와 청년, 어르신이 각자의 속도로 머물 수 있는 장소로 돌려주고 싶습니다. 물빛정원이 진정한 의미의 '힐링 공간'으로 만드는 일, 그것은 미뤄졌던 약속을 끝내 지키는 일이라고 믿습니다. 약속은 시간이 지나도 사라지지 않습니다. 다만 누가 끝까지 기억하고 책임지느냐의 문제로 남을 뿐입니다. 저는 이 공간이 마침내 주민들의 일상 속으로 돌아올 때까지, 그 책임을 제 몫으로 안고 실행해 가겠습니다.

7

잘 살기 위해 필요한 것들

숲과 맞닿아 있는 수내도서관

이른 아침, 아직 문이 열리기 전의 도서관 앞에 서 있으면 숲의 소리가 먼저 들립니다. 바람이 나뭇잎을 넘기는 소리, 흙을 밟는 발걸음, 멀리서 지나가는 자전거의 기척. 도서관으로 들어가기 전 이미 마음은 한 번 가라앉아 있습니다. 이것이 '숲세권 도서관'이 주는 가장 큰 선물입니다. 공부하거나 책을 읽기 전에, 이미 몸이 준비되는 공간이라는 점입니다.

숲과 맞닿은 도서관은 사람을 바꾸는 방식이 다릅니다. 에어컨 소리와 형광등 아래서 억지로 집중하는 것이 아니라, 자연스럽게 속도를 낮춘 상태로 책과 마주하게 됩니다. 아이들은 뛰다가 들어와도 금세 조용해지고, 어른들은 책장을 넘기다 창밖의 나무를 한 번 더 보게 됩니다. 저는 이것을

'집중을 강요하지 않는 집중'이라고 부릅니다. 도서관이 기능으로만 존재하지 않고, 환경 자체로 학습과 사유를 돕는 구조이기 때문입니다.

수내도서관은 머무는 시간이 길어질수록 더 편안해지는 공간입니다. 공원 한 바퀴를 돌고 들어와도 좋고, 책을 읽다 다시 숲길로 나가도 어색하지 않습니다. 도서관과 공원이 서로의 역할을 침범하지 않으면서도, 하나의 생활 동선으로 이어져 있습니다.

수내도서관은 규모가 꽤 큽니다. 지하 2층에서 지상 3층까지, 연면적 약 7,016제곱미터, 주차면 68면으로 조성된 공공도서관입니다. 숫자만 놓고 보면 행정 문서 속 평면도에 불과할지도 모릅니다. 그러나 현장에 서 보면 이 수치들은 전혀 다른 의미로 다가옵니다. '이 도시는 도서관을 이 정도로 필요로 했다'라는 문장처럼 읽히기 때문입니다. 충분히 머물 수 있어야 하고, 동시에 많은 사람이 겹쳐 써도 버텨야 하는 공간. 그 요구가 이 숫자들 안에 담겨 있습니다.

수내도서관은 종합 자료실과 일반 열람 공간을 기본으로 하되, 주민들이 함께 쓰는 커뮤니티 공간, 그리고 메이커 스페이스 같은 확장된 문화 기능이 함께 들어가 있습니다. 책을 빌리는 곳에 그치지 않고, 배우고, 만들고, 머물 수 있는 공간으로 설계되었다는 뜻입니다. 저는 이 점이 특히 좋

수내도서관 전경

2016년 11월 국회의원 초선 시절 추진하여 290억 원 규모의 수내도서관을 2025년 개관했습니다. 도서관은 '책이 있는 곳'이지만, 동시에 '사람이 돌아오는 곳'입니다. 아이들에게는 방과 후의 안전한 자리이고, 청년에게는 내일을 준비하는 책상이며, 중년에게는 흔들리는 마음을 정리하는 공간이고, 장년에게는 인생을 돌아보게 하는 장소입니다.

습니다. 도서관은 조용해야 하지만, 조용함이 곧 고립은 아닙니다. '소리 없는 집중'과 '서로의 존재를 존중하는 연결'이 함께 있을 때, 도서관은 비로소 도시의 품격을 끌어올립니다.

숲세권 도서관이 주는 장점은 생각보다 구체적입니다. 이곳에서는 공부하러 오기 전에 이미 몸이 준비됩니다. 공원을 한 바퀴 돌고 들어온 아이는 자연스럽게 자리에 앉고, 산책을 마친 어른은 책상 앞에서 마음을 정리합니다. 집중을 요구하기보다, 집중이 일어날 조건을 먼저 만들어주는 공간. 저는 이것이 수내도서관의 가장 큰 경쟁력이라고 생각합니다. 도서관이 숲을 '활용'하는 것이 아니라, 숲과 도서관이 하나의 생활 리듬을 공유하고 있다는 점에서 말입니다.

사실 분당은 오래도록 이상한 도시였습니다. 겉으로는 '부자 동네'라는 말이 따라붙는데, 정작 그 규모와 인구에 걸맞은 공공 인프라가 충분했느냐고 물으면 대답이 머뭇거려지곤 했습니다. 특히 도서관은 더 그랬습니다. 저는 국회의원 시절, 이 모순이 계속 마음에 걸렸습니다.

"분당이 잘사는 동네라면서 도서관이 적다니, 말이 됩니까?"

이 말은 주민들 입에서 가장 자주 나왔고, 저 역시 같은 마음이었습니다. 그런데 문제는 그다음이었습니다. '잘사는 동네'라는 이미지 때문에 국가 예산을 따내기가 오히려 더 어려웠다는 점입니다. 지원이 절실한 지역이 많다는 현실 속에서, 분당의 필요를 설명하는 일은 단순한 서류 작업이 아니라 인식의 벽을 넘는 일이었습니다.

수내도서관은 처음부터 거창한 정치 구호로 시작된 사업이 아니었습니다. 출발점은 아주 생활적인 요구였습니다. 걸어서 갈 수 있는 공공도서관, 아이들이 방과 후에 머물 수 있는 안전한 공간, 어른들이 자기 시간을 회복할 수 있는 조용한 장소. 저는 이 요구가 분당에서 오랫동안 쌓여 왔다는 것을 느꼈고, 2016년 총선 당시 공약으로 반영했습니다. 이후 2017년 '수내 공공도서관 추진위원회'가 결성되며 시작의 길로 들어섰습니다.

그러나 '좋은 뜻'만으로는 되지 않았습니다. 부지를 확보하는 일부터 어려움을 겪었습니다. 우여곡절 끝에 부지를 확보한 이후 용도 변경이라는 문제가 나타났습니다. 그러나 다행히 성남시의 협조로 용도 변경이 가능했습니다. 그리고 마중물이 되어줄 예산을 확보했습니다. 이 순간을 지금도 또렷하게 기억합니다. 단지 돈의 문제가 아니라, 사업의 문이 열리는 순간이었기 때문입니다. 국비가 들어오면 사업은 '지역의 바람'에서 '공공의 책임'으로 성격이 바뀝니다. 그렇게 사업 규모도 커졌습니다. 초기 약 175억 원 수준이던 예산은, 주민 커뮤니티 기능과 메이커스페이스 등 확장 요소가 반영되며 총사업비 약 295억 원 규모로 확대되었고, 2022년 6월 착공에 들어갔습니다.

돌이켜보면 가장 힘들었던 것은 숫자가 아니라 설명이었습니다. "분당은 잘살지 않느냐"라는 말 한마디가, 공공투자 논리에서는 너무 쉽게 결론이 되어버리곤 했습니다. 그래서 저는 설명의 방향을 바꿨습니다. 분당이 잘살아서 예산이 필요 없는 것이 아니라, 분당에 사는 아이들도, 분당에 사는 시민들도 똑같이 공공의 혜택을 받아야 한다고 말했습니다. 공공은 가난을 보완하는 기능만 있는 것이 아니라, 도시의 기본값을 지키는 장치이기 때문입니다.

그리고 마침내 수내도서관은 2025년 6월 24일 개관했습니다. 주민들의 기다림, 행정의 설계, 예산의 줄다리기, 공사 현장의 수많은 시간이 모여 '이제 들어와도 됩니다'라고 문을 연 것입니다.

'악착같다'라는 소리를 들을 정도로 징그럽게 뛰어다니며 이뤄낸 곳이라 그런지, 수내도서관에 올 때마다 감회가 새롭습니다. 책장 사이를 걸을 때, 창밖의 숲을 볼 때, 이 공간이 쉽게 주어진 결과가 아니라는 사실이 계속 떠오르기 때문입니다. 국회의원 시절, 해내겠다는 의지로 불도저처럼 추진하지 않았다면 이 풍경은 아직도 계획안 속 그림으로 남아 있었을지도 모릅니다. 그때의 절박함이 있었기에, 지금의 일상이 가능해졌습니다.

도서관은 '책이 있는 곳'이지만, 동시에 '사람이 돌아오는 곳'입니다. 아이들에게는 방과 후의 안전한 자리이고, 청년에게는 내일을 준비하는 책상이며, 중년에게는 흔들리는 마음을 정리하는 공간이고, 장년에게는 인생을 돌아보게 하는 장소입니다.

도서관으로 들어가는 길도, 도서관 둘레길도 저는 무척 좋아합니다. 도서관에 오는 사람들은 대개 자신이 지나고 있는 길의 의미를 길게 생각하지 않습니다. 그저 걷고, 쉬고, 들어갑니다. 저는 그 자연스러움이 좋습니다. 도서관은 원래 그런 곳이어야 합니다. 특별한 결심이 없어도 들어갈 수 있어야 하고, 사정이 어려운 날에도 마음을 잠시 내려놓을 수 있어야 합니다.

수내도서관은 그렇게 분당의 한가운데에, 조용히 자리를 잡았습니다. 분당이 '부자 동네'라는 소문으로 평가받는 도시가 아니라, 공공의 밀도로 품격을 증명하는 도시가 되기를 바라는 마음이, 저는 이 건물 안에 꽤 많이 담겨 있다고 느낍니다. 그리고 이제 그 바람은 누군가의 주장으로만 남지 않습니다. 매일 책을 빌리고, 조용히 공부하고, 공원을 한 바퀴 돌고 돌아오는 시민들의 발걸음이, 그 바람을 계속 현실로 만들고 있습니다.

미세먼지 시대,
미래 세대를 위한 노력

도서관 이야기가 나온 김에 체육관 이야기도 해볼까 합니다. 도서관이 마음과 정신을 건강하게 하는 곳이라면 체육관은 몸을 건강하게 하는 곳이니까요. 분당에 도서관이 필요했던 이유가 분명했듯이, 체육관 역시 마찬가지였습니다. 아이들이 공부만 하는 도시가 아니라, 뛰고 숨 쉬고 넘어지며 자라는 도시여야 했기 때문입니다. 그러나 현실은 녹록치 않았습니다. 미세먼지가 잦아지고, 황사가 일상이 되면서 운동장은 점점 자주 닫혔습니다. 체육 수업은 날씨에 따라 열렸다 닫히는 선택 과목처럼 취급되곤 했습니다.

도서관이 생각의 호흡을 회복하는 공간이라면, 체육관은 몸의 리듬을 되찾는 공간입니다. 도시가 사람을 온전히 품으려면, 이 두 공간은 반드시 함께 가야 합니다. 그런 이유로 국회의원 시절 저는 학교 실내 체육관과 노후 체육시설 개선 문제를 '교육 정책의 부수적 과제'가 아니라, 미세먼지 시대에 반드시 해결해야 할 공공의 책임으로 붙잡았습니다.

분당은 1기 신도시로 조성되면서 학교 수는 충분했지만, 실내 체육관이 거의 없었습니다. 맑은 날에는 문제가 드러나지 않지만, 미세먼지 경보가 뜨는 날이면 학교는 곧바로 기능의 한 축을 잃었습니다. 저는 이 문제를 '학교의 불편'이 아니라 공공 인프라의 공백으로 보았습니다.

실내 체육관은 있으면 좋은 시설이 아닙니다. 없으면 학교의 하루가 멈추는 공간입니다. 그래서 저는 국회의원 시절, 학교 실내 체육관과 노후 체육시설 개선을 가장 현실적인 생활 과제로 붙잡았습니다. 거창한 구호보다, 당장 아이들이 뛰지 못하는 이유부터 해결해야 한다고 생각했습니다.

2016년, 저는 아이들이 뛰노는 공간을 확보하기 위해 공부한 끝에 교육부 특별교부금을 통해 예산 확보의 가능성을 발견하고 분당 지역 학교 체육관 증축 예산을 확보했습니다. 이 예산으로 강당과 특별교실, 화장실, 계단실 등이 함께 증축되며 학교의 일상 동선이 달라지기 시작했습니다. 체육관 하나가 늘어난 것이 아니라, 학교의 하루가 완성된 셈이었습니다.

학교시설 사업은 시작보다 유지가 더 어렵습니다. 공사가 진행될수록 안전 기준이 강화되고, 학생 동선과 소음 문제, 기능 보완 요구가 뒤따르기 때문입니다. 저는 사업이 중단되지 않도록 끝까지 예산을 연결하는 일을 제 역할로 삼았습니다.

교실 환경 개선은 체육관만큼이나 중요한 문제였습니다. 실내 체육관이 아이들의 몸을 위한 공간이라면, 교실 환경은 하루 대부분을 보내는 생활의 기반이기 때문입니다. 같은 해, 정자초·구미초·백현중이 경기도와 경기도교육청의 학교 실내 체육관 건립 사업 대상으로 확정됐습니다. 이로써 분당 남부권 여러 학교에 다목적 체육관이 순차적으로 들어설 수 있는 구조가 마련됐습니다.

이 과정에서 가장 어려웠던 것은 예산 규모가 아니라 인식의 벽이었습니다. 잘사는 동네라서 지원이 덜 필요하다는 논리는, 아이들의 몸 앞에서는 설득력이 없었습니다. 미세먼지는 소득을 가리지 않고, 폭염은 학군을 구분하지 않습니다. 미래 세대의 주역인 아이들을 위해서라도 촘촘한 공공 인프라가 필요하다고 설득했습니다.

실내 체육관은 체육 수업만을 위한 공간이 아닙니다. 방과 후 활동이 열리고, 지역 주민에게 개방되며, 학교가 지역의 생활 거점이 됩니다. 분당처럼 대규모 공공 체육시설 부지가 부족한 도시에서는 더욱 그렇습니다. 새로 짓는 것보다, 이미 있는 학교 공간을 다시 쓰게 만드는 것이 더 현실적인 해법이었습니다. 저는 그 해법을 예산과 제도로 뒷받침하고자 했습니다.

과정에서 어려운 점도 있었습니다. 아이들을 위한 체육관은 필요했지만, 그 필요가 곧바로 모두의 동의로 이어지지는 않았기 때문입니다. 조기축구회에는 오랫동안 쌓아온 생활의 시간이 있었고, 주민들에게는 공사 소음과 불편이라는 현실이 앞섰습니다. 아이들의 몸은 실내에서 자라야 했지만, 어른들의 일상 역시 가볍게 밀어낼 수는 없었습니다. 이 갈등은 누가 옳은지를 가르는 문제가 아니라, 서로 다른 삶의 리듬을 어떻게 조정할 것이냐의 문제였습니다. 체육관은 설득으로 얻어진 공간이 아니라, 각자의 불편을 조금씩 나누며 도달한 합의의 결과였습니다. 그래서 완공된 체육관은 단순한 시설이 아니라, 다음 세대를 위해 오늘의 편의를 조심스럽게 조정해 본 공동체의 선택이 남은 자리로 서 있습니다.

정치를 하며 늘 느끼는 것은, 성과는 대개 눈에 띄지 않는다는 점입니다. 아이들이 비 오는 날에도 체육관에서 뛰는 모습, 미세먼지 경보가 떠도 수업이 정상적으로 진행되는 하루, 그런 장면들은 뉴스가 되지 않습니다. 그러나 그 '아무 일도 일어나지 않는 하루'가 이어지도록 만드는 것이 공공의 역할이라고 믿습니다.

학교 실내 체육관을 둘러싼 저의 노력은 미세먼지 시대에 아이들의 몸을 지킬 공간을 만드는 일이었습니다. 비록 수많은 결정과 설득, 그리고 예산의 줄다리기가 있었지만, 그토록 힘든 과정을 겪었기에 더 확신합니다. 정치의 역할은 정치적 구호를 외치는 게 아니라 아이들이 당연하게 누려야 할 하루를 당연하게 만드는 일이라고 말입니다. 미국의 신학자 제임스 클라크는 "정치꾼은 다음 선거를 생각하고, 정치가는 다음 세대의 일을 생각한다"라고 말했습니다. 아이들이 밝은 모습을 볼 때마다 다음 선거를 생각하는 정치꾼이 아니라 다음 세대의 일을 생각하는 정치가가 되자고 다짐합니다.

사람들은 분당이 살기 좋은 곳이라고 말합니다. 좋은 곳은 잘 살기 위해 필요한 것을 고루 갖추고 있는 곳이겠지요. 잘 살기 위해 필요한 것은 사실 거창한 것이 아닙니다. 사람에게 정말 필요한 것은 언제나 비슷합니다. 숨을 고를 수 있는 공간, 생각을 정리할 수 있는 시간, 그리고 몸을 움직이며 다시 하루를 살아갈 힘입니다.

중앙공원과 율동공원은 우리에게 잠시 멈출 수 있는 여백을 내어주었고, 수내도서관은 생각이 머물 자리를 만들었습니다. 그리고 학교와 동네 곳곳에 들어선 실내 체육관은 몸을 회복할 수 있는 최소한의 조건을 채워 주었습니다. 이

세 공간은 각자 다른 기능을 갖고 있지만, 방향은 같습니다. 잘 보이기 위한 시설이 아니라, 매일 쓰이기 위한 장소라는 점입니다. 이런 공간들이 자연스럽게 일상에 스며들어 있다면, 그 도시는 이미 많은 일을 해낸 것입니다.

그래서 분당을 걸으며 저는 종종 생각합니다. 잘 산다는 것은 더 많은 것을 갖는 일이 아니라, 필요한 것들이 제때 곁에 있는 상태라는 것을. 그리고 행정의 역할은 그 '제때'를 놓치지 않도록 조용히 준비하는 일이라는 것을 말입니다.

8

단절을 연결로 만들다

단절을 연결로, 굿모닝 파크

수내도서관을 나서면, 문득 방향을 정해야 할 것 같지만 사실 그럴 필요는 없습니다. 길은 이미 열려 있고, 발은 생각보다 자연스럽게 앞으로 나아갑니다. 도서관을 등지고 몇 걸음 옮기면 책 냄새 대신 흙과 나무 냄새가 먼저 따라옵니다. 문을 닫고 나왔다는 느낌보다, 다른 장면으로 넘어왔다는 기분에 가깝습니다.

분당중앙공원 쪽으로 이어지는 길은 의도적으로 서두르지 않게 만들어져 있습니다. 보폭이 넓어지지 않고, 시선은 자꾸 옆으로 흩어집니다. 벤치에 앉아 신발 끈을 고쳐 매는 사람, 천천히 스트레칭을 하는 사람, 이어폰을 꽂은 채 아무 말 없이 걷는 사람들. 이 길에서는 누구도 목적을 설명하지

단절을 연결로 바꾼 굿모닝 파크

굿모닝 파크는 단절을 연결로 바꾼 상징적인 공간입니다. 분당과 판교를 잇는 도시고속화도로를 덮어 새로운 공간을 만들었습니다. 굿모닝 파크로 인해 분당의 동과 서는 다시 하나의 생활권으로 이어졌습니다. '삶의 질'이라는 말을 이곳에서 비로소 실감합니다.

않아도 됩니다. 걷는 행위 자체가 충분한 이유가 됩니다.

공원을 벗어나는 지점에서 도시의 결이 조금씩 달라집니다. 멀리서 차가 지나가는 소음이 들리기 시작하지만, 그것이 곧바로 부담으로 다가오지는 않습니다. 보행로는 차도와 일정한 거리를 유지하며 이어지고, 길은 사람의 속도를 끝까지 존중합니다. 걷는 동안 '건넌다'라는 느낌보다 '지나간다'라는 감각이 먼저 옵니다.

굿모닝 파크로 접어드는 순간, 시야가 한 번 더 열립니다. 발 아래에 도로가 있다는 사실은 알지만, 의식하지 않으면 잊게 됩니다. 차들은 아래에서 각자의 속도로 흘러가고, 사람은 그 위를 다른 리듬으로 걷습니다. 이 겹침은 충돌하지 않습니다. 오히려 서로의 존재를 확인하는 정도로만 스칩니다. 위와 아래가 나뉘어 있지만, 단절보다는 층위에 가깝습니다.

이 길을 걸으며 저는 연결이라는 말의 의미를 다시 생각하게 됩니다. 연결은 반드시 무엇을 새로 만드는 일이 아닙니다. 이미 존재하던 공간들 사이에서 사람의 이동을 허락하는 일, 그 허락을 자연스럽게 만드는 일이 더 중요할지도 모릅니다. 수내도서관에서 굿모닝 파크로 이어지는 이 보행은 그런 태도의 결과처럼 느껴집니다.

책을 읽던 사람이 숲을 지나 도시 위를 건너는 이동에서 분당의 소리를 듣습니다. 사람들의 웃음소리, 경쾌한 음악 소리, 자동차 소리, 새 소리, 끊어질 듯 이어지는 도시의 소리이기도 합니다. 그래서 저는 이 길이 좋습니다. 특별히 설명하지 않아도, 걸어보면 알게 되기 때문입니다. 단절은 여전히 존재하지만, 그것을 대하는 방식은 달라질 수 있다는 것을. 분당에서는, 적어도 이 길 위에서는, 연결이 이미 일상이 되어 있습니다.

굿모닝 파크는 성남시 재정으로 실시한 좋은 행정 모범 사례입니다. 공원 조성이 어려운 상황에서 새로운 부지를 만들어 공원으로 조성했는데, 이런 경우는 전국에서 처음입니다. 게다가 이곳은 커다란 상징을 품고 있는 곳입니다. 성남에서 단절을 연결로 이어낸 상징인 곳이 어디냐고 묻는다면 단연코 굿모닝 파크라고 말합니다. 성남역과 이어져 있는 굿모닝 파크에 서면 가장 먼저 눈에 들어오는 것은 '공원다움'입니다. 나무와 잔디, 산책로와 벤치. 그러나 잠시만 귀를 기울이면, 이 공간의 정체가 조금씩 드러납니다. 발밑 어딘가로 차들이 쉬지 않고 흐르고 있다는 사실입니다. 이 공원은 처음부터 땅 위에 놓인 공원이 아니었습니다. 한때 이곳은 분당을 가로지르던 고속화도로였습니다.

고속화도로는 이름 그대로, 도시 안에서 차가 빠르게 달리도록 만든 길입니다. 고속도로처럼 신호는 적고, 교차는 최소화되어 있습니다. 문제는 그 길이 도시 한가운데 놓인다는 점입니다. 고속도로가 도시를 '지나가기 위한 길'이라면, 고속화도로는 도시 안에서 도시를 가로지르는 길이 됩니다. 속도는 확보되지만, 그 대가로 동네와 동네 사이의 연결은 느슨해집니다. 길 하나를 사이에 두고 삶의 반경이 달라지고, 같은 도시 안에서도 서로를 스쳐 지나가게 됩니다.

굿모닝 파크가 의미 있는 이유는, 이 단절을 없애려 하지 않고 다른 방식으로 다루었기 때문입니다. 도로를 철거하지 않았고, 차의 흐름을 멈추지도 않았습니다. 대신 그 위를 덮었습니다. 고속화도로 위에 흙을 얹고, 나무를 심고, 사람들이 걸을 수 있는 시간을 올려놓았습니다. 속도 위에 삶을 얹는 선택이었습니다.

공원 위를 걷다 보면, 아래를 흐르는 도로의 존재는 분명히 느껴집니다. 그러나 그 소음과 움직임이 공간을 지배하지는 않습니다. 오히려 도시는 이 지점에서 스스로 균형을 잡고 있다는 인상을 줍니다. 빠름과 느림, 이동과 머묾이 적당한 거리를 두고 공존합니다. 저는 이것이 도시가 성숙해지는 방식이라고 생각합니다. 기능을 제거하는 것이 아니라, 삶의 자리를 다시 배치하는 일입니다.

이 공원이 만들어지면서 분당의 동과 서는 다시 하나의 생활권으로 이어졌습니다. 이전에는 같은 동네에 살면서도 굳이 건너지 않던 길이었지만, 지금은 유모차를 미는 부모와 출근길의 직장인, 산책을 즐기는 노인이 자연스럽게 같은 공간을 공유합니다. 삶의 동선이 겹칠 때, 도시는 비로소 밀도를 회복합니다. 삶의 질이라는 말은 이런 장면에서 비로소 실감납니다.

굿모닝 파크를 지나 성남역 쪽으로 발걸음을 옮기면, 도시의 표정은 조금 달라집니다. 성남역은 이동의 공간이자 만남의 공간입니다. 지역과 지역, 일상과 일상이 교차하는 관문입니다. 이곳에서 다시 공원을 돌아보면, 굿모닝 파크는 하나의 완결된 장소라기보다 도시 변화를 시작하는 기점처럼 느껴집니다.

야탑동에서 이매동 구간 사이 수서간 도시고속화도로의 복개 구간 위에 공원을 만드는 엄청난 사업이 가능했던 것은 이재명 대통령이 성남시장으로 재임하던 시절, 공공이 책임져야 할 영역에서 물러서지 않겠다는 강력한 의지와 뚝심 있는 태도로 추진했던 덕분입니다. 도심 속 공원 부족 문제를 해결하고 자동차 소음을 차단하며 시민들에게 쉼터까지 제공하기 위해서였습니다. 공공의 영역에서 늘 생각하고 행동하는 모습을 보며 저 또한 크게 감동을 받았습니다. 고속화도로 위를 공원으로 덮는다는 발상은 행정의 관성만으로는 나오기 어려운 결정이었습니다. 그러나 그 선택은 시민의 일상을 바꾸었고, 도시를 바라보는 기준을 한 단계 끌어올렸습니다.

이제 중요한 것은 과거의 성과를 반복하는 것이 아니라, 그 기적을 어디까지 완성할 것인가입니다. 굿모닝 파크는 단절이 반드시 숙명일 필요는 없다는 사실을 보여주었습니다. 굿모닝 파크는 저에게 단순한 현장 확인이 아니었습니다. 이 길은 성남이 선택해 온 방향을 되짚게 했고, 앞으로 어떤 도시를 꿈꾸고 싶은지를 묻게 했습니다. 단절을 연결로 바꾸는 도시, 꿈을 현실로 만드는 도시, 속도 위에 삶을 얹는 도시. 도로 위의 공원은 그 질문에 대한 성남의 대답이자, 앞으로도 이어가야 할 도시의 약속처럼 보였습니다.

성남역에서 백현동으로

굿모닝 파크가 있는 성남역에서 백현동으로 걸어가는 길은, 지도로 보면 설명할 것도 없는 짧은 구간입니다. 몇 분이면 닿는 거리이고, 굳이 '도시 기행'이라는 말을 붙이기엔 너무 일상적인 동선처럼 보이기도 합니다. 그런데 막상 발걸음을 옮겨보면, 이 길은 단순한 이동이 아니라 도시가 사람에게 허락한 태도의 변화에 가깝다는 생각이 듭니다.

성남역에서 나와 굿모닝 파크 쪽으로 방향을 잡으면, 먼저 공간의 질감이 달라집니다. 역세권 특유의 속도감과 분주함이 아직 몸에 남아 있지만, 몇 걸음 지나지 않아 그 긴장은 서서히 풀립니다. 신호를 기다리며 서두를 필요도 없고, 차의 흐름에 맞춰 보폭을 조절할 이유도 없습니다. 이 길은 걷는 사람에게 말을 겁니다. 천천히 가도 된다고, 멈추지 않아도 된다고 말입니다.

발밑은 단단하지만 위압적이지 않습니다. 이곳이 원래 분당과 판교를 가르던 도시고속화도로의 상부라는 사실은, 설명을 듣고 나서야 비로소 인식됩니다. 소음과 속도의 자리 위에, 지금은 사람이 머무는 층이 얹혀 있습니다. 걷는 동안 "여기가 도로 위다"라는 사실을 자꾸 떠올릴 필요는 없습니다. 오히려 그 사실을 잊게 만드는 것이 이 길의 완성도이기 때문입니다.

길은 특별한 연출을 하지 않습니다. 나무가 갑자기 울창해지거나, 풍경이 극적으로 바뀌지도 않습니다. 대신 변화는 아주 미세하게 일어납니다. 시선은 멀리서 가까이로 옮겨가고, 주변의 표정은 기능에서 생활로 바뀝니다. 교통의 언어가 사라지고, 동네의 언어가 나타납니다. 그리고 조금 더 걷다 보면 백현동의 기척이 자연스럽게 스며듭니다. 상가의 출입구, 주거지로 이어지는 골목의 방향, 사람들이 잠시 멈추는 지점들이 한꺼번에 눈에 들어옵니다.

이 지점에서야 비로소 '어디로 가는 길인가'라는 질문은 의미를 잃습니다. 이미 도착했기 때문입니다. 성남역에서 백현동까지의 거리는 원래 멀지 않았습니다. 다만, 그 사이에 사람이 머물 수 없는 구조가 놓여 있었을 뿐입니다. 이 길의 진가는 바로 여기에 있습니다. 연결을 과시하지 않는 태도 말입니다. "우리가 연결했다"라고 목청 높여 소리치지 않고, "걸어보면 알게 된다"라고 조곤조곤 말하는 방식입니다. 도시의 연결은 때로 거대한 교량이나 상징적인 건축으로 완성되지만, 때로는 이렇게 아무 일도 일어나지 않는 것처럼 보이는 걷기로 완성됩니다. 신호를 기다리지 않고, 차를 의식하지 않고, 끊기지 않는 동선으로 이동하는 경험. 그 단순함이 도시를 바꾸는 게 아닐까요.

도시를 오래 들여다보면 알게 됩니다. 도시는 건물의 집합이 아니라, 사람이 자기 몸으로 감각을 느끼는 거리의 총합이라는 사실을요. 같은 5분이라도, 긴장과 위험을 통과해야 한다면 그 거리는 멀어집니다. 반대로, 물리적 거리가 그대로여도 걷는 경험이 부드러워지면 세계는 가까워집니다. 성남역에서 백현동으로 이어지는 이 길은, 도시가 사람에게 얼마나 가까워질 수 있는지를 보여주는 사례라고 생각합니다.

저는 이 길을 걸을 때마다 연결의 의미를 다시 생각합니다. 연결이란 새로운 것을 만드는 일이 아니라, 이미 가까웠던 것을 가깝게 느끼게 하는 일인지도 모르겠다고 말입니다. 성남역과 백현동 사이의 이 짧은 보행은, 도시가 사람의 속도를 존중하기로 결심했을 때 어떤 변화가 일어나는지를 조용히 증명합니다. 그래서 이 길은 특별한 표지판이나 설명 없이도 충분히 많은 이야기를 합니다. 도시는 말을 아끼고, 대신 사람에게 걷게 합니다. 가만가만 걷게 만드는 힘, 그것이 이곳이 보여주는 성남의 철학입니다.

성남의 동서를 잇는 도시의 등뼈, 탄천

백현동에서 판교 방향으로 이어진 보행로를 따라 걷다 보면, 어느 순간 길은 자연스럽게 탄천으로 내려갑니다. 직선으로 떨어지는 동선이 아니라, 사람이 걷는 속도를 고려한 완충의 길입니다. 차의 소음이 줄고, 바람의 방향이 달라지며, 물의 기척이 먼저 도착을 알립니다. 동네에서 도시로, 도시에서 물가로 이어지는 이 흐름은 설명을 요구하지 않습니다. 몸이 먼저 알아차립니다.

이렇게 탄천에 닿는 순간, 저는 늘 같은 생각을 하게 됩

1기 신도시 분당의 정자역 인근과 탄천의 모습

분당은 1기 신도시로서의 역할을 훌륭하게 해내고 새롭게 탄생할 준비를 하고 있습니다. 분당의 과거와 현재를 지켜보며 유유히 흘러온 탄천은 분당의 미래도 함께할 것입니다.

니다. 성남이라는 도시는 연결을 선언하기보다, 걷게 함으로써 증명해 왔다는 사실입니다. 성남역 굿모닝 파크에서 백현동을 지나 이어진 발걸음이 탄천으로 이어지는 길은 언제 걸어도 즐겁습니다. 단절되지 않고 연결된 성남을 직접 제 두 발로 확인할 수 있기 때문입니다.

탄천을 따라 걷는 일은 분당이라는 지역을 성남이라는 도시를 가장 정직하게 읽는 방법이라고 생각합니다. 지도 위에서 탄천은 동과 서를 가르는 선처럼 보이지만, 실제로 이 하천은 성남이라는 도시를 지탱하는 등뼈에 가깝습니다. 중심을 가르되 갈라놓지 않고, 오히려 서로를 기대게 만드는 축입니다.

과거의 탄천은 분명 경계였습니다. 동과 서의 생활권을 나누는 자연 지형이었고, 건너야 할 대상이었습니다. 다리를 건너야 했고, 목적이 있어야만 접근하는 공간이었습니다. 물은 흐르고 있었지만, 사람의 일상은 그 위에서 함께 흐르지 못했습니다. 탄천은 오래도록 '사이에 있는 곳'이었지, '머무는 곳'은 아니었습니다.

지금의 탄천은 전혀 다르게 읽힙니다. 자전거와 보행로가 연속적으로 정비되면서, 이 하천은 성남의 동서를 관통하는 일상의 축이 되었습니다. 건너야 할 경계는 따라 걷는 길로 바뀌었고, 물길은 도시의 가장 긴 산책로가 되었습니다.

아침의 탄천은 유난히 조용합니다. 물 위로 옅은 안개가 올라오고, 갈대 사이로 새들이 움직입니다. 조깅하는 사람의 발소리, 자전거 체인의 리듬, 산책을 나온 노부부의 느린 걸음이 서로를 방해하지 않고 나란히 흐릅니다. 이곳에서는 속도가 경쟁이 아니라 각자의 리듬이 됩니다. 저는 이 장면을 볼 때마다, 분당이 왜 '살기 좋은 도시'로 기억되는지 이해하게 됩니다. 탄천은 분당의 배경이 아니라, 분당의 일상 그 자체이기 때문입니다.

탄천은 자연의 아름다움을 고스란히 느낄 수 있는 곳입니다. 계절이 바뀔 때마다 색이 달라지고, 비가 온 뒤에는 물의 표정이 달라집니다. 여름에는 그늘이 되고, 겨울에는 길이 됩니다. 생태와 휴식이 동시에 가능한 공간. 그것이 탄천의 가장 큰 자산입니다.

저는 탄천을 성남의 등뼈라고 생각하는 동시에 성남의 숨결이라고도 생각합니다. 도시가 커질수록 숨 쉴 공간은 더 중요해집니다. 빌딩 사이가 아니라, 물가에서 사람들은 비로소 호흡을 고릅니다. 운동을 하든, 음악을 듣든, 생각에 잠기든, 혹은 아무것도 하지 않든 모두 다 괜찮은 공간. 탄천은 성남 시민들에게 그런 장소입니다.

"성남에서 가장 넓은 단절은, 가장 긴 연결로 바뀌었다."

탄천을 설명하는 데 이보다 더 적절한 말이 있을까요. 오늘도 탄천은 성남의 동서를 가르되 하나로 묶는 도시의 등뼈가 되어 성남의 하루를 고스란히 받아주고 있습니다.

9

분당 30년에 담긴 속내를 듣다

오래된 삶의 궤적

탄천 산책로에서 발길을 돌리면, 숲의 가장자리와 녹지 사이로 길이 열립니다. 하천의 평평함은 점차 완만한 오르막과 맞닥뜨립니다. 계단이 아니라 완만한 보행 경사로가 이어지는데, 이는 하천과 주거지를 연결하기 위한 일종의 자연스러운 매개입니다. 이 길은 차도를 따라 걷는 불편함을 허용하지 않고, 사람이 중심이 되는 동선으로만 이어져 있습니다.

걸음을 옮기는 동안 주변 풍경은 조금씩 변합니다. 물소리와 잔잔한 바람이 멀어지면, 대신 아파트 단지의 윤곽과 도심의 구조가 서서히 드러납니다. 분당 1기 신도시의 오래된 아파트들이 가깝게 보입니다. 노후화된 단지라는 평가가 일부 존재할 정도로 1990년대 초반 입주한 역사를 가진 곳이지만 생활권의 밀도와 보행의 연결이 분당이라는 도시 설계의 중요한 축이기도 합니다.

분당 곳곳은 저에게 여러 감정을 불러일으키는 곳입니다. 마치 오래된 사진첩을 넘기는 일과 닮아 있는 것 같습니다. 바랜 색감 속에서도 한 시대의 확신과 자신감이 또렷이 남아 있습니다. 분당은 1기 신도시의 출발점이었고, 한때는 '이 정도면 충분히 잘 산다'라는 기준을 제시하던 공간이었습니다. 반듯한 도로와 넉넉한 녹지, 학교와 상업시설이 촘촘히 배치된 구조는 당시로서는 미래형 주거의 모델이었습니다.

그러나 도시는 멈춰 서 있는 건축물이 아니라, 살아 있는 생명체와 더 비슷합니다. 30년은 인간의 나이로 따져도 갓 태어난 아이가 성인이 되는 시간입니다. 골격도 목소리도 눈빛도 예전 모습을 알아볼 수 없으리만큼 달라지기에 충분한 시간입니다. 30년은 세대교체가 이뤄질 정도로 오랜 시간이기도 합니다.

30년이 된 아파트에서 건물의 외벽보다 먼저, 생활의 내부에서 시간의 흔적을 찾을 수 있습니다. 답사 도중 가장 자주 들린 단어는 '녹물'이었습니다. 수도꼭지를 틀 때마다 물의 색을 한 번 더 확인해야 하는 일상, 오래된 배관이 만들어내는 불안은 주거의 기본 조건을 다시 묻게 합니다. 주차 문

30년이 지난 신도시 노후 아파트 외벽

30년은 인간의 나이로 따져도 갓 태어난 아이가 성인이 되는 시간입니다. 골격도 목소리도 눈빛도 예전 모습을 알아볼 수 없으리만큼 달라지기에 충분한 시간입니다. 30년은 세대교체가 이뤄질 정도로 오랜 시간입니다.

제 역시 마찬가지입니다. 계획 당시의 자동차 수요는 이미 오래전에 넘어섰고, 저녁이 되면 단지는 주차 공간을 찾는 차량으로 가득 찹니다. 이것은 단지 불편의 문제로 끝나는 게 아니라, 지속적으로 생활하며 감당해야 하는 부담의 문제입니다.

이 지점에서 재건축은 지금의 삶이 던지는 절박한 요구에 가깝습니다. 더 안전한 설비, 더 효율적인 에너지 구조, 보행과 주거가 충돌하지 않는 동선. 이것들은 더 좋은 집을 갖고 싶다는 욕망 이전에, 지금의 집을 계속 사용할 수 없다는 현실에서 출발합니다. 주거 환경의 개선은 이제 필수적인 요구가 되었습니다.

그럼에도 분당이 특별한 이유는, 이곳이 여전히 '사용 중인 도시'이기 때문입니다. 단지는 낡았지만 비어 있지 않습니다. 아이들은 여전히 같은 길로 학교에 가고, 오래된 상가에는 단골의 얼굴이 남아 있습니다. 벤치와 산책로는 시간의 흔적을 품은 채 기능하고 있습니다.

신도시 재건축은 개별 단지의 문제가 아니라 성남 전체의 구조와 맞닿아 있습니다. 원도심과 판교, 그리고 분당이 함께 작동하는 도시에서 1기 신도시는 중간 허리 역할을 맡고 있습니다. 이 허리가 약해지면 도시는 균형을 잃습니다. 반대로 이 구간이 다시 건강해지면, 성남은 세대와 기능이 고르게 분산된 도시로 진화할 수 있습니다. 재건축은 도시의 리듬을 다시 조정하는 과정입니다.

특히 분당은 '처음'을 경험한 공간입니다. 처음 계획되었고, 처음 입주가 이루어졌으며, 처음으로 신도시의 생활이 시작된 곳입니다. 그렇기에 이곳의 변화는 다른 단지들에 기준이 됩니다. 분당의 새로운 모습이 더욱 기대되는 이유입니다.

재건축은 도시의 얼굴을 바꾸는 일입니다. 한 시대를 충분히 견뎌낸 공간이 다음 시대의 조건을 받아들이는 과정이기도 합니다. 분당은 이미 한 번, 성남의 생활 기준을 끌어올린 경험이 있습니다. 이제는 그 기준을 현재의 삶에 맞게 다시 세울 차례입니다.

이 변화가 잘 이루어진다면, 노후의 상징이 아니라 성남이 어떻게 오래 사는 도시가 되는지를 보여주는 사례가 될 것입니다. 그리고 그것은 신도시 재건축을 둘러싼 논쟁을 넘어, 성남이라는 도시가 앞으로 어떤 선택을 할 것인가를 가늠하게 하는 중요한 장면으로 남을 것입니다.

분당, 재건축을 말하다

분당에서 재건축이라는 말이 오르내리기 시작했을 때, 저에게는 기쁘고 반가우면서도 유난히 담담하게 다가왔습니다. 놀랍지도 않았고, 불안하지도 않았습니다. 오히려 자연스럽다고 느꼈습니다. 오래도록 잘 작동해 온 도시가 다음 단계를 준비하기 시작했다는 신호처럼 들렸기 때문입니다. 분당은 갑자기 무언가가 무너져 변화를 요구받는 도시가 아니었습니다. 충분히 잘 살아왔고, 그래서 다음 환경을 차분히 고민할 수 있는 도시였으니까 말입니다.

분당은 한 시대의 모범답안이었습니다. 주거와 녹지, 교육과 생활 인프라가 균형 있게 배치된 도시였고, 걷는 동선에 무리가 없었으며, 아이를 키우기에도 일상을 꾸려가기에도 안정적인 구조를 갖추고 있었습니다. 그래서 분당에서의 기억은 늘 '잘 설계된 하루'로 남아 있었습니다. 아침의 등굣길, 저녁의 공원 산책, 주말의 탄천 풍경이 자연스럽게 이어졌습니다. 이 도시에서의 삶은 특별한 사건보다 반복되는 평온함으로 완성되었습니다.

그런 분당이 이제야 재건축을 이야기하기 시작했다는 사실은 오히려 늦은 감이 있는 게 아닐까 합니다. 우리는 이미 충분히 좋은 환경을 만들어냈고, 이제 그다음을 준비해 왔습니다. 시간이 흐르면서 생활의 방식은 달라졌고, 기술은 빠르게 진화했으며, 도시가 감당해야 할 역할 또한 넓어졌습니다. 에너지 효율, 보행 안전, 고령화에 대응하는 주거 구조, 아이와 노년이 함께 머물 수 있는 공간 설계까지 분당이 처음 만들어질 당시에는 상상하기 어려웠던 기준들이 이제는 일상의 기준이 되었습니다. 도시가 이 변화를 외면한 채 과거의 설계에만 머문다면, 삶의 질은 서서히 정체될 수밖에 없을 겁니다.

변화를 미루는 선택이 항상 안정을 보장해 주지는 않았습니다. 시간이 흐를수록 유지 관리의 부담은 커지고, 생활의 불편은 조용히 쌓이게 됩니다. 설비는 더 많은 손길을 요구하게 되고, 공간은 새로운 생활 방식을 충분히 품어내지 못하게 됩니다. 그렇게 되면 분당이 가진 장점마저 점점 활용하기 어려워질 수 있습니다. 재건축을 논의한다는 것은 이런 상황을 미리 바라보고, 도시의 강점을 다음 세대까지 이어가려는 선택이라고 생각했습니다.

중요한 것은 분당의 재건축이 어떤 방향을 향하느냐입니다. 더 높아져야 한다면 그것은 더 편안해지는 방향이어야 합니다. 더 빨라져야 한다면 더 안전하고 오래 머물 수 있는 논의와 함께 나아가야 합니다. 분당이 사랑받아 온 이유는 쾌적한 생활환경에 있었습니다. "분당에 산다"라는 자부심과 안정감이 분당의 정체성을 지켜내는 한 축이었다면, 재건축이라는 변화는 분당의 변화를 넘어 성남의 역사까지 바꾸는 멋진 도약이 될 수 있다고 생각합니다.

저는 분당이 다시 한번 기준을 만들 수 있다고 믿습니다. 단순히 새로 짓는 도시가 아니라, 잘 살아온 도시가 어떻게 다음 시대로 넘어가는지를 보여주는 사례가 될 수 있기 때문입니다. 재건축을 통해 주거의 질을 높이고, 공공 공간을 재구성하며, 사람 중심의 동선을 다시 정리하는 과정 자체가 하나의 메시지가 될 것입니다. '성공한 도시는 멈추지 않는다'라는 메시지 말입니다.

분당이 재건축을 이야기하기 시작한 지금은, 도시의 자신감이 드러나는 순간이라고 느꼈습니다. 충분한 준비가 되었기 때문에 시작한 논의였기 때문입니다. 과거를 부정하지 않고, 그 성과 위에서 다음 발걸음을 고르는 태도. 저는 이 점에서 분당의 현재를 밝게 바라보고 있습니다. 이 도시는 여전히 건강하고, 여전히 선택할 힘을 가지고 있다고 믿습니다.

성공한 재건축이 도시의 하루를 바꾸는 방식

재건축이 성공한 분당의 모습은 극적인 변화로 드러날까요? 의외로 극적인 변화로까진 보이지 않을까요? 갑자기 도시가 낯설어지거나, 익숙한 풍경이 한순간에 사라지지는 않을 것입니다. 오히려 저는 그 반대를 기대합니다. "어, 이게 더 편해졌네." "이 길이 이렇게 좋았나?" 같은 작은 감탄이 하루 곳곳에서 생겨나는 도시 말입니다. 성공한 재건축은 눈에 띄는 건물보다, 자연스러운 하루의 변화로 먼저 확인되기 때문입니다.

아침의 분당은 조금 더 부드러워질 것입니다. 집을 나서면 바로 차도로 나서야 했던 동선 대신, 보행이 먼저 고려된 길이 이어집니다. 아이들은 여전히 걸어서 학교에 가고, 부모는 서두르지 않고 배웅합니다. 단지 안에서 공원으로, 공원에서 학교로 이어지는 흐름이 끊기지 않기 때문입니다. 재건축이 잘 이루어진 도시는 '어디를 지나야 하는가'보다 '어떻게 걷고 싶은가'가 먼저 설계됩니다.

낮의 분당은 생활 밀도가 더 단단해집니다. 주거 공간만 늘어나는 것이 아니라, 가까운 거리 안에 머물 수 있는 장소들이 함께 채워집니다. 작은 도서관, 동네 커뮤니티 공간, 잠시 쉬어갈 수 있는 녹지와 그늘. 굳이 차를 몰고 멀리 나가지 않아도 하루의 용무가 해결되는 구조입니다. 저는 이것이 분당 재건축의 가장 중요한 성과가 될 수 있다고 생각했습니다. 도시가 커지는 것이 아니라, 생활 반경이 세련되고 편리하게 정돈되는 변화 말입니다.

저녁이 되면 분당의 표정은 더 분명해집니다. 퇴근 후 바로 집으로 흩어지던 풍경 대신, 자연스럽게 이어지는 산책길이 살아납니다. 아이들은 놀이터와 공원을 오가고, 어른들은 하루의 속도를 천천히 낮춥니다. 조명이 과하지 않고, 길이 불필요하게 넓지 않으며, 서로의 존재가 부담으로 느껴지지 않는 거리. 성공한 재건축은 밤의 도시를 시끄럽게 만들지 않습니다. 대신, 안전하고 편안한 정적을 만들어냅니다.

재건축 이후의 분당에서 가장 크게 달라지는 것은 세대 간의 관계일지도 모릅니다. 아이를 키우는 세대, 자녀를 독립시킨 중년, 오랜 시간 이 도시에 살아온 노년이 같은 공간을 공유하게 됩니다. 누군가를 밀어내지 않고, 누구도 소외되지 않는 구조입니다. 주거 면적의 변화보다 중요한 것은, 서로 다른 삶의 속도가 자연스럽게 공존할 수 있는 조건이 마련된다는 점입니다.

분당의 가치도 이 지점에서 새롭게 평가받게 됩니다. 재건축 이후의 분당은 평 단가로만 설명되지 않을 겁니다. “얼마나 살기 좋아졌나요?”, “얼마나 오래 머물고 싶은 곳인가요?”, “일부러 찾아가고 싶은 곳인가요?”라는 질문에 대해 “오래 머물고 싶고, 평생 살고 싶은 곳”이라는 대답이 나온다면 그 자체로 분당의 자산이 되겠지요. 저는 이것이 분당이 다음 단계로 나아가며 만들어야 할 새로운 기준이라고 생각합니다.

분당은 여전히 '살고 싶은 도시'로 첫손에 꼽히는 공간이 될 것입니다. 동시에 과거에 새로운 도시의 기준을 제시했던 것처럼, 이제는 성숙한 도시가 어떻게 다음 30년을 준비하는지를 보여줄 수 있습니다. 무리하지 않고, 서두르지 않으며, 이미 잘 작동해 온 것들을 존중하면서 한 단계 더 나아가는 방식 말입니다. 저는 분당이 그런 도시가 될 수 있다고 믿었습니다. 그리고 그 가능성은 이미 이 도시에 충분히 쌓여 있습니다.

성공한 재건축의 결과는 화려한 조감도가 아니라, 시민의 하루 속에서 조용히 증명될 것입니다. 그 하루가 편안하고, 덜 피곤하고, 조금 더 따뜻해진다면. 그때 우리는 알게 될 것입니다. 분당의 재건축이 단순한 건설 사업이 아니라, 삶의 질을 한 단계 끌어올린 선택이었다는 사실을 말입니다.

30년의 연기(煙氣), 이제는 희망의 온기로 바꿔야 할 때

분당동 태현공원 길을 걷다 보면, 고즈넉한 단독주택단지의 평온한 풍경 뒤로 하늘을 찌를 듯 솟은 거대한 굴뚝이 시야에 들어옵니다. 한국남동발전 분당발전본부입니다. 지난 30년간 분당이라는 신도시가 눈부신 성장의 시간을 보내는 동안, 그 바로 곁에서 살아온 분당동 주민들은 묵묵히 그 그림자를 감내해 왔습니다.

최근 발전소 설비를 교체하는 '현대화 사업'을 둘러싸고 갈등이 커지고 있습니다. 발전소 측은 노후 설비를 고효율의 친환경 설비로 바꾸는 과정이라고 설명하지만, 주민들에게 이 사업은 또 다른 30년을 감내해야 한다는 통보처럼 다가옵니다. "지난 30년도 부족한데, 앞으로 30년을 더 견디라는 것이냐"라는 질문에는 분노보다 깊은 불안과 피로가 묻어 있습니다.

현장에서 만난 주민들의 이야기는 단순히 연기(백연)나 소음에 대한 불편을 넘어섭니다. 오랜 시간 재산권의 제약을 감수해야 했던 기억, 창문을 열 때마다 마음 한 켠에 남는 환경에 대한 걱정, 가족의 건강을 둘러싼 불안이 켜켜이 쌓여 있었습니다. 분당의 다른 지역들이 미래를 이야기할 때, 발전소 인근이라는 이유만으로 변화의 흐름에서 비켜서야 했던 시간은 주민들에게 지워지지 않는 상처로 남아 있습니다.

이제 이 문제를 '누군가의 희생으로 누군가가 이익을 얻는' 제로섬의 틀로만 바라볼 수는 없습니다. 국가 기간산업으로서 안정적인 전력 수급이 필요하다면, 그 필요는 주민의 삶과 권리 위에 일방적으로 놓여서는 안 됩니다. 갈등은 덮어둘 대상이 아니라, 더 나은 해법을 찾기 위해 반드시 마주해야 할 과정입니다. 행정의 편의와 주민의 삶 사이에서, 저는 그 간극을 잇는 역할을 기꺼이 맡고자 합니다. 분당동의 굴뚝이 더 이상 부담과 상처의 상징이 아니라, 충분한 설명과 합의, 그리고 상생의 결과로 남기를 바랍니다.

10

판교 테크노밸리

한국의 실리콘밸리, 판교

아마 여기까지 읽으신 분들은 왜 '이곳'이 안 나오지? 의문을 가질 수도 있을 듯합니다. 분당을 말할 때 가장 먼저 나와도 이상하지 않은 곳이고, 분당 제1장 첫 페이지를 차지한다고 해도 충분히 자격이 있는 곳입니다. 맛있는 것을 아꼈다가 나중에 천천히 음미하듯, 이제 제가 가장 아껴두었던 곳의 이야기를 꺼낼 차례가 되었습니다. 성남의 산업 지도가 다음 단계로 넘어가며 가장 강하게 뛰기 시작한 곳, 분당의 산업적 심장이라 불러도 좋을 공간, 바로 판교 테크노밸리입니다.

판교에 갈 때마다 심장이 두근거리며 설레는 이유도 분당은 물론 성남의 미래를 더 크게 보여주는 곳이기 때문일 겁니다. 판교는 우연히 만들어진 공간이 아닙니다. 어떤 도시는 한 시점의 정책으로 태어나지만, 판교는 여러 시간의 선택이 겹쳐 형성된 도시입니다. 성남과 분당, 서울 강남 IT 벨트의 중심에 자리한 이곳은 특정 기업 하나의 성공이나 단일 산업의 확장으로 설명되기 어렵습니다. 판교를 이해하려면 '언제 만들어졌는가'보다, '어떤 조건들이 이곳을 가능하게 했는가'를 먼저 살펴봐야 합니다.

판교의 출발은 산업단지 조성이라는 단순한 목표에서 시작되지 않았습니다. 분당이 안정적인 주거와 자족 구조를 다져가고, 서울 강남이 금융과 정보 산업의 중심으로 자리 잡던 시기, 이 사이에 놓인 공간은 자연스럽게 다음 역할을 요구받고 있었습니다. 이미 사람은 오가고 있었고, 인재는 이동하고 있었으며, 교통과 생활 인프라는 일정 수준 이상 갖춰져 있었습니다. 판교는 비어 있던 땅이 아니라, 기능이 응축된 공간이었습니다.

이 잠재력을 현실로 끌어올린 힘은 입지였습니다. 판교는 주거와 업무가 단절되지 않은 구조를 지니고 있었습니다. 인근에 분당의 안정적인 주거지가 있었고, 서울과 수도권을 잇는 접근성도 뛰어났습니다. 출퇴근이 가능했고, 일과 생활이 동시에 성립할 수 있는 조건이 이미 갖춰져 있었습니다. 그래서 판교는 처음부터 '일만 하는 곳'이 아니라,

사람이 머무를 수 있는 도시형 공간으로 설계될 수 있었습니다.

중요한 점은, 이 과정에서 판교가 '단지'가 아니라 '도시'로 인식되었다는 사실입니다. 산업 시설을 집적시키는 데 그치지 않고, 업무·연구·창업·생활이 함께 작동하는 구조를 목표로 삼았습니다. 단기적인 분양 성과보다 장기적인 생태계를 먼저 떠올린 선택이었지요. 그 결과 판교는 기업이 잠시 머무는 곳이 아니라, 기업이 성장하고 관계를 맺는 공간이 되었습니다.

판교의 성장은 늘 단계적으로 이루어졌습니다. 한 번에 완성된 도시가 아니라, 필요에 따라 확장되고 조정되어 왔습니다. 이 과정에서 가장 중요한 역할을 한 것은 '연결'이었습니다. 분당과의 연속성, 서울 강남과의 산업적 연결, 수도권 전반과 이어지는 교통망. 판교는 고립된 혁신의 섬이 아니라, 기존 도시 구조 위에 자연스럽게 얹힌 확장판에 가까웠습니다. 그래서 판교의 성장은 충돌이 아니라 흡수의 형태로 진행될 수 있었습니다.

저는 이 점에서 판교를 대한민국 혁신의 심장이라고 부릅니다. 심장은 혼자 뛰지 않습니다. 주변의 혈관과 함께 움직이며, 온몸의 리듬을 조율합니다. 판교 역시 그렇습니다. 성남의 주거 기반, 분당의 자족 구조, 서울의 산업 네트워크

판교역 광장의 야경

오늘도 수많은 사람들이 판교역 앞을 오가고 있습니다. 누군가는 하루의 일을 시작하고, 누군가는 새로운 아이디어를 품고 이동합니다. 판교를 통해 성남은 미래 산업의 변화를 가장 먼저 실험하고, 가장 빠르게 학습하는 도시가 되었습니다.

가 함께 작동할 때 판교는 비로소 제 기능을 합니다. 이 통합적 구조가 판교를 일시적인 성공 사례가 아니라, 지속 가능한 혁신 공간으로 만들었습니다.

물론 판교의 성장은 새로운 질문도 함께 가져왔습니다. 더 많은 사람들이 이곳으로 모이면서 교통과 생활 인프라에 대한 고민도 깊어지고 있습니다. 그러나 저는 이 지점을 부담으로만 보지 않습니다. 오히려 판교가 이제 '얼마나 더 성장할 것인가'보다, '성장의 성과를 어떻게 나눌 것인가'를 고민할 단계에 들어섰다는 신호로 읽습니다.

그래서 판교의 다음 시간은 더 중요해졌습니다. 산업을 더 끌어들이는 데서 멈추지 않고, 그 성과가 도시 전체로 순환되도록 설계해야 합니다. 기술은 빠르게 진화하지만, 도시는 그보다 느리게 변합니다. 이 속도 차이를 조율하는 일이 앞으로의 과제가 될 것입니다. 판교는 완성된 도시가 아니라, 계속 설계되고 확장되는 도시입니다. 이 도시를 어떻게 연결하고 확장할 것인지는 성남의 선택이자, 대한민국 혁신 전략의 방향을 가늠하는 기준이 될 것입니다.

판교역에 서봅니다. 오늘도 수많은 사람들이 이곳을 오가고 있습니다. 누군가는 하루의 일을 시작하고, 누군가는 새로운 아이디어를 품고 이동합니다. 저는 이 풍경이 참 좋습니다. 성남의 미래를 가장 먼저 살아보고 있는 곳이기 때문입니다.

여담이지만, 판교역 앞에는 아침 일찍 토스트를 만들어 파시는 포장마차 사장님이 계십니다. 둘이 먹다 하나가 죽어도 모를 정도로 맛이 기가 막히니, 꼭 한 번 사드시길 바랍니다.

대한민국 기술 기업의 요람이 되다

판교가 대한민국 기술기업의 요람이라 불리는 이유를 저는 한두 개의 기업 이름에서 찾지 않습니다. 판교의 진짜 힘은 특정 기업의 성공을 넘어, 산업이 자라나는 방식 자체를 바꿔 놓았다는 데 있다고 생각했기 때문입니다. 이곳에서는 성공이 고립되지 않고, 다음 성공의 토양이 됩니다. 그 순환이 판교를 특별하게 만듭니다.

판교에는 대한민국 디지털 산업의 흐름을 상징하는 기업들이 시간을 두고, 서로를 자극하며 모였습니다. 카카오는 플랫폼 산업의 방향을 새로 그렸고, 네이버는 검색을 넘어 콘텐츠와 커머스의 지형을 넓혔습니다. 엔씨소프트는 글로벌 무대에서 한국 게임 기술의 존재감을 분명히 했습니다.

중요한 점은 이 기업들이 같은 시간대에, 같은 방향을 바라보며 성장했다는 사실입니다. 플랫폼, 게임, 핀테크, 보안은 서로 다른 산업처럼 보이지만, 판교 안에서는 기술과 인재, 자본이 끊임없이 교차하며 하나의 생태계를 이루었습니다. 여기에 AI, 반도체, 바이오 분야의 수많은 스타트업이 더해지며, 판교는 단일 산업단지를 넘어 복합 기술 클러스터로 진화했습니다. 저는 이 장면에서 판교의 진면목을 봅니다. 산업이 나뉘지 않고, 서로의 성장을 밀어 올리는 구조 말입니다.

이 집적 효과는 체감으로만 느껴지는 이야기가 아닙니다. 판교 테크노밸리는 높은 성장 탄력을 지속해 왔고, 고부가가치 산업의 비중 또한 뚜렷하게 확인됩니다. 이는 매출의 증가를 넘어, 기술 중심 경제가 실제로 작동하고 있다는 신호로 읽힙니다. 판교는 이 변화가 가장 먼저, 가장 밀도 높게 관측되는 공간입니다.

판교 테크노밸리의 확장 또한 같은 맥락 위에 놓여 있습니다. 1단계가 중견·대기업의 집적이었다면, 2단계는 연구와 창업의 결합으로, 3단계는 AI·바이오·미래 기술 중심의 확장으로 이어졌습니다. 여기에 스타트업 캠퍼스가 더해지며 창업-성장-재도전이 하나의 도시 안에서 순환하는 구조가 자리 잡았습니다. 산업단지로서는 드문, 도시 단위의 혁신 시스템이 완성되어 가는 과정이었습니다.

이 변화 속에서 성남의 성격도 분명해졌습니다. 성남은

더 이상 주거에 머무는 도시가 아닙니다. 판교를 통해 성남은 미래 산업의 변화를 가장 먼저 실험하고, 가장 빠르게 학습하는 도시가 되었습니다. 판교의 성장은 도시의 산업 구조를 넓혔고, 성남이라는 이름에 새로운 무게를 더했습니다.

그래서 판교의 의미는 특정 기업의 성과로 환원되지 않습니다. 판교는 대한민국 AI·IT 경제가 어떤 속도로, 어떤 방식으로 진화하는지를 보여주는 살아 있는 실험실입니다. 한 기업의 흥망이 아니라, 산업 전체의 방향이 읽히는 곳. 저는 이 점 때문에 판교를 '대한민국 혁신의 심장'이라 부릅니다. 심장은 혼자 뛰지 않습니다. 판교 역시 주변과 함께 박동하며, 다음 시대의 멋진 리듬을 만들어 가고 있습니다.

판교의 미래를 꿈꾸다

성남 도시 기행을 위한 답사로 이른 아침 판교역에 들렀습니다. 출근 시간이라고 부르기에는 아직 여유가 남아 있는 시각이었지만, 역 안의 공기는 이미 빠르게 움직이고 있었습니다. 노트북 가방을 멘 청년들, 이어폰 너머로 리듬을 타듯 걷는 사람들, 커피잔을 손에 쥔 얼굴들. 바쁘되 무기력하지 않았고, 분주하되 어둡지 않았습니다. 판교의 아침은 늘 그렇습니다. 하루의 시작이라기보다, 가속의 순간에 가깝습니다.

그날 제가 느낀 감정은 '지금의 판교가 대단하다'라는 감탄보다, '이 도시는 어디까지 갈 수 있을까'라는 흥분과 기대에 더 가까웠습니다. 이미 충분히 앞서 왔는데도, 멈추지 않고 있었으니까요. 지금의 성취가 종착지가 아니라, 새로운 도약을 위한 힘찬 움직임처럼 느껴졌습니다. 도시 정책에서 가장 섬세한 순간은 성공 이후라고 생각합니다. 성과가 쌓일수록 관성은 커지고, 관성은 변화를 늦추기 때문입니다. 그래서 판교의 다음 단계는 더 큰 비전으로 더 멀리 보는 일이 되어야 합니다.

첫 번째 방향은 AI·로봇·바이오, 세 축으로의 선명한 특화입니다. 이미 축적된 기술 기반을 미래 산업으로 자연스럽게 이어 붙이는 과정입니다. 소프트웨어와 플랫폼 중심의 경험은 AI로 확장되고, AI는 로봇과 자동화를 통해 산업 현장과 일상으로 내려옵니다. 여기에 바이오와 헬스케어가 더해질 때, 판교는 디지털을 넘어 삶의 구조를 바꾸는 기술 거점으로 진화할 수 있습니다.

두 번째는 판교의 혁신이 특정 구역에 머무르지 않고, 도시 전체로 흐르게 만드는 연결 전략입니다. 판교에서 만들어진 기술과 일자리, 인재의 흐름이 기존 도심과 자연스럽게 만날 때 성남은 하나의 리듬으로 작동합니다. 이 벨트는 도시의 혈관을 다시 설계하는 작업이 될 것입니다.

세 번째는 글로벌 기업 R&D 센터 유치입니다. 연구개발 조직이 들어온다는 것은 단순한 고용 확대를 넘어섭니다. 기술 표준이 만들어지고, 국제 협업이 일상화되며, 판교의 생태계가 세계와 같은 속도로 움직이기 시작합니다. 이 단계에 이르면 판교는 '국내에서 앞선 도시'를 넘어, 세계 기술 흐름 속에서 역할을 맡은 도시로 자리 잡게 됩니다.

네 번째는 판교에서 일하는 청년들을 위한 '직주근접 생활권' 보장과 스타트업을 위한 '성장 지원 사다리'의 확장입니다. 미래를 이야기할 때 제가 가장 먼저 떠올리는 질문은 늘 같습니다.

"누가 이 도시에서 살아가고 있는가?"

판교의 화려한 빌딩 숲 사이에는 높은 주거비와 지옥 같은 출퇴근 전쟁을 감내해야 하는 수많은 청년 직장인이 있습니다. 혁신은 사람에게서 나오지만, 사람은 휴식이 있는 삶에서 에너지를 얻습니다. 판교 테크노밸리 인근에 '청년 노동자 공유 주택'을 확충하여 집 걱정을 덜어주고, 퇴근 후 동료들과 교류하며 쉴 수 있는 문화 공간을 늘려야 합니다. 또한 창업가들에게는 실패의 비용을 감당할 수 있도록 '금

국정기획위원으로 리벨리온 방문

국정기획위원으로 AI 반도체 혁신기업인 리벨리온을 방문해 설명을 들었습니다. 혁신의 심장인 판교에서 수많은 기업과 스타트업이 오늘도 뜨거운 시간을 보내고 있습니다.

이재명 경기도지사 시절 미래자동차 개발 현장 방문

2021년 5월, 미래 모빌리티 산업의 최전선인 현대자동차·기아 기술연구소를 방문했을 때의 기록입니다. 당시 이재명 경기도지사, 정의선 회장과 함께 미래자동차 개발 현장을 꼼꼼히 살피며 대한민국 자동차 산업의 미래와 기술 혁신에 대해 깊이 고민하고 논의한 뜻깊은 현장이었습니다.

융 지원 사다리'를 놓아주어야 합니다. 이것은 복지가 아니라 혁신이 계속 일어나도록 돕는 투자입니다. 판교가 청년의 일상과 도전을 모두 품을 수 있을 때, 이 도시는 단발적인 성공을 넘어 세대를 잇는 혁신도시가 됩니다.

이 네 가지 전략은 하나의 그림으로 이어집니다. 산업은 미래로 정렬되고, 공간은 연결되며, 세계와 소통하고, 사람이 남습니다. '넥스트 판교'는 이미 강한 도시를 더 멀리 내다보는 방법에 대한 제안입니다.

이날 아침, 판교역에서 느꼈던 감동을 떠올립니다. 서로를 스쳐 지나갔던 사람들 중 누군가는 새로운 기술을 만들고 있었을 것이고, 누군가는 실패의 무게를 잠시 내려놓고 다음 도전을 준비하고 있었을지도 모릅니다. 지금까지 놀라운 변화를 만들었던 판교는, 앞으로 더 큰 변화를 감당할 준비가 되어 있다고 믿습니다. 판교는 완성된 도시가 아니라 본격적으로 속도를 내기 시작한 청년 도시이기 때문입니다.

대한민국 지식산업의 두뇌,
매출 200조 시대를 열다

성남 판교는 더 이상 하나의 IT 밸리로 설명되기 어렵습니다. 이곳은 대한민국 4차 산업혁명의 심장이자, 국가 경제의 흐름을 실질적으로 움직이는 거대한 엔진으로 성장했습니다. 경기도경제과학진흥원의 조사에 따르면, 2023년 판교테크노밸리 입주기업의 연간 총매출은 202조 4천억 원을 기록하며 처음으로 200조 원을 넘어섰습니다. 이는 단순한 상징적 숫자가 아니라, 한국 경제의 구조가 어디까지 이동했는지를 보여주는 분기점이라 할 수 있습니다.

이 수치의 무게는 다른 도시와 비교해 보면 더욱 분명해집니다. 부산광역시나 인천광역시가 한 해 동안 도시 전체에서 만들어내는 지역내총생산(GRDP)은 약 120조 원 수준입니다. 매출과 부가가치를 동일 선상에서 놓고 비교할 수는 없지만, 광역시 전체 경제 규모에 맞먹거나 그 두 배에 가까운 자본 흐름이 '판교'라는 단일 공간에서 순환하고 있다는 사실은 분명한 메시지를 전합니다.

실질적인 '경제 활력도'라는 관점에서 보면, 성남은 이미 대한민국 최고 수준의 산업 도시 반열에 올랐다고 평가할 수 있습니다. 이 성과가 더욱 인상적인 이유는, 굴뚝 하나 없이 이뤄졌다는 점에 있습니다. 화성이나 울산이 대규모 공장과 장치 산업을 중심으로 성장해 왔다면, 성남은 사람과 기술, 그리고 아이디어를 핵심 자원으로 삼아 도시의 경쟁력을 키워 왔습니다.

제1 판교에서 162조 3천억 원, 제2 판교에서 40조 1천억 원의 매출이 창출되었다는 사실은, 대한민국 산업 구조가 제조업 중심에서 지식 기반 산업으로 전환되고 있음을 가장 밀도 높게 보여주는 사례입니다. 판교는 이 변화가 선언이 아니라 현실임을 증명한 공간이며, 성남이 가진 가장 분명한 자부심이기도 합니다.

그렇다면 거대한 경제 에너지를 어떻게 성남 전역으로 확산시킬 수 있을까요? 판교가 만들어내는 산업의 활력이 혈관을 타고 흐르듯, 분당을 넘어 수정구와 중원구의 원도심까지 고르게 퍼져나가기 위해서는 무엇이 필요할까요? 무엇보다 교통 인프라가 도시의 순환 구조를 제대로 떠받쳐야 합니다. 모란-판교-서현-분당을 잇는 8호선 연장, 성남 도시철도, 위례-신사선과 위례-삼동선의 신속 추진, 수광선 도촌-야탑역 신설, 경기남부광역철도 등은 단순한 편의시설이 아니라 국가 경제를 떠받치는 핵심 기반입니다.

연간 200조 원이 넘는 경제 가치를 만들어내는 도시의 시민들이 출퇴근길에서 소모되지 않도록 하는 일은, 지방정부 차원을 넘어 국가의 책임에 가깝습니다. 판교의 성과를 지속 가능하게 만드는 가장 현실적인 방법이기도 합니다.

판교의 산업 경쟁력은 IT에만 머무르지 않습니다. 성남에는 현재 약 300여 개의 바이오·헬스 기업이 자리하고 있습니다. 이들 기업은 대규모 생산 시설 중심의 제조형 바이오가 아니라, 연구개발·데이터 분석·임상 연계에 특화된 구조를 띠고 있습니다. 이는 성남이 '생산 도시'라기보다 지식 기반 도시로 진화해 왔다는 점을 분명하게 보여줍니다. 의료·헬스케어와 IT가 자연스럽게 결합할 수 있는 토양이 이미 마련돼 있다는 의미이기도 합니다.

반도체 산업 역시 직접적인 생산 거점은 아니지만, 성남 산업 구조에서 중요한 축을 담당하고 있습니다. 설계, 장비, 소재, 테스트 등 반도체 간접 공급망에 속한 기업들이 수백 곳에 이르며, 이들은 산업 전체의 안정성을 떠받치는 보이지 않는 기반 역할을 합니다. 특정 산업이 급변하더라도 성남의 산업 생태계가 쉽게 흔들리지 않는 이유는 바로 이런 다층적 구조에 있습니다.

판교를 중심으로 형성된 스타트업 생태계는 성남 산업의 역동성을 가장 잘 보여주는 지표입니다. 현재 판교 일대에서 활동 중인 스타트업만 해도 약 1,500여 곳에 달합니다. 이 숫자는 단순한 창업 붐을 의미하지 않습니다. 창업과 실패, 재도전과 인수합병, 인재의 이동이 반복되는 순환 구조가 실제로 작동하고 있다는 증거입니다. 스타트업이 많다는 것은 실험이 많다는 뜻이며, 실험이 가능하다는 것은 도시가 일정 수준의 위험을 감내할 수 있는 체력을 갖추고 있다는 의미입니다.

숫자로만 보면 성남은 이미 충분히 성장한 산업 도시입니다. 그러나 늘어난 기업 수에 비해 공간은 제한적이고, 산업 간 연결은 특정 구역에 과도하게 집중되어 있습니다. 성장 단계에 접어든 기업들이 더 이상 머무를 공간을 찾지 못하는 상황도 반복되고 있습니다. 이제 성남은 '이미 존재하는 기업들이 계속 성장할 수 있는 구조를 어떻게 만들 것인가'의 단계에 들어섰습니다. 신규 유치만큼 중요한 것은 유지와 확장이며, 이를 가능하게 하는 것은 단기 인센티브보다 공간과 연결의 설계입니다.

그래서 성남의 판교 테크노밸리는 이미 존재하는 IT·AI 기업, 바이오·헬스 기업, 반도체 연관 기업, 스타트업이 서로 다른 성장 단계에서 함께 숨 쉴 수 있는 무대를 다시 짜는 일입니다. 성남의 산업 저력은 이미 충분히 증명되었습니다. 이제 필요한 것은, 이 숫자들이 도시 전체에서 유기적으로 작동하도록 만드는 다음 단계의 설계입니다. 판교 200조 시대는 끝이 아니라, 더 넓고 깊은 공해 없는 지적 산업 도시로 나아가기 위한 새로운 출발선입니다.

11

문화 예술의 멋이 살아 있는 도시

문화 도시 성남의 거점, 성남아트센터

최첨단 기술의 집결지 판교가 워낙 압도적이지만 분당에는 꼭 가야 할 곳이 있습니다. 문화의 향기를 제대로 느낄 수 있는 곳, 바로 성남아트센터입니다. 산업이 도시의 근육이라면, 문화는 도시의 호흡입니다. 판교에서 만들어진 속도와 긴장은 이곳에서 음악과 빛, 이미지와 여백으로 풀립니다. 그래서 성남의 도시 기행은 판교에서 끝나지 않고, 자연스럽게 성남아트센터로 이어집니다. 이 두 공간 사이의 이동은 장소의 전환이 아니라, 도시가 작동하는 방식의 전환이기 때문입니다.

성남아트센터로 가는 가장 빠른 길은 이매역에서 출발하

는 것이지만 저는 종종 야탑역에서 내려 걷습니다. 이매역에서 가는 것보다 시간이 조금 더 걸리지만 도시를 산책하는 재미가 있기 때문입니다. 야탑역에서 내려 개찰구를 나오는 순간, 이 도시가 어떤 리듬으로 작동하는지가 바로 느껴집니다. 야탑역은 생활의 속도가 빠른 역입니다. 학원으로 향하는 아이들, 병원과 관공서로 가는 사람들, 버스를 갈아타는 직장인들이 동시에 흘러갑니다. 이 구간에서는 아직 예술의 기척이 느껴지지 않습니다. 오히려 분당이 왜 '잘 굴러가는 도시'로 평가받아 왔는지가 분명하게 드러납니다. 동선은 효율적이고, 건물들은 목적이 명확합니다.

성남아트센터는 이 흐름에서 조금 벗어난 곳에 있습니다. 큰길을 따라 몇 분 걷다 보면, 주변 풍경이 서서히 달라집니다. 상가 밀도가 낮아지고, 건물 사이 간격이 넓어지며, 시야에 여백이 생깁니다. "아, 여기부터는 다른 용도의 공간이 시작되는구나."

성남아트센터로 가는 길은 이렇게 도시의 성격이 바뀌는 지점을 통과하게 되어 있습니다. 길 오른편으로는 주거 단지의 외곽이 보이고, 왼편으로는 비교적 낮은 건물들과 녹지가 이어집니다. 이 구간에서 도시는 소비나 이동을 강요하지 않습니다. 대신 속도를 조금 늦춰도 괜찮다는 신호를 보냅니다. 저는 이 길이 참 흥미롭다고 느낍니다. 성남아트센터는 지하철역 바로 앞에 붙어 있지 않습니다. 일부러 한 블록, 한 템포 떨어진 자리에 놓여 있습니다. 이 '떨어짐'이 바로 성남아트센터의 정체성이기도 합니다.

조금 더 걸으면 넓은 광장이 시야에 들어옵니다. 이때 비로소 성남아트센터가 모습을 드러냅니다. 광장에 들어서면, 야탑역에서 느꼈던 긴장감은 상당 부분 사라집니다. 이곳에서는 어디로 가야 한다는 조급함보다, 어디에 서 있어도 괜찮다는 느긋함이 번집니다. 공연을 보러 온 사람도 있지만, 약속 시간보다 일찍 도착해 광장을 가로지르는 사람, 아무 일정 없이 산책 삼아 이곳을 지나는 사람도 눈에 띕니다. 그런데 왜 이 자리에 예술 공간이 생긴 걸까요?

주변을 둘러보면 답의 실마리가 보입니다. 성남아트센터 주변에는 주거지, 학교, 행정 시설이 비교적 고르게 분포해 있습니다. 특정 계층만을 위한 장소가 아니라, 여러 생활권이 겹치는 지점입니다. 이 위치 덕분에 성남아트센터는 '특별한 날에만 가는 곳'이 되지 않습니다. 퇴근길에, 병원 진료를 마치고, 아이 학원 수업이 끝난 뒤에도 자연스럽게 닿을 수 있는 거리입니다.

도시에서 예술 공간은 종종 '특별한 날에만 가는 곳'으로 남습니다. 그러나 성남아트센터는 그 경계를 조금 느슨하게 풀어놓습니다. 공연을 보러 오지 않아도, 전시를 관람하지 않아도, 이곳은 이미 하나의 도시 공간으로 작동합니다. 약속 시간보다 일찍 도착해 광장을 한 바퀴 도는 사람, 공연이 끝난 뒤 바로 집으로 돌아가지 않고 벤치에 앉아 여운을 정리하는 사람, 주말 오후 아무 계획 없이 이곳을 산책 코스로 삼은 가족들. 이 장면들은 예술이 생활과 분리되지 않았음을 보여줍니다.

건물의 외관은 과장되지 않습니다. 웅장하지만 위압적이지 않고, 크지만 자기 주장을 앞세우지 않습니다. 저는 이 절제가 성남아트센터의 가장 큰 미덕이라고 생각합니다. 이곳은 "이 정도면 충분하다"라는 태도로 서 있습니다. 예술을 과시하지 않고, 시민의 일상 위에 조심스럽게 얹혀 있는 건축. 그래서 이곳에서는 예술이 목표가 아니라 도시 생활의 한 부분처럼 느껴집니다.

공연이 있는 날의 성남아트센터는 분명 다른 표정을 짓습니다. 사람들의 옷차림이 조금 달라지고, 대화의 톤도 달라집니다. 그러나 흥미로운 점은, 공연이 없는 날에도 이곳이 비어 보이지 않는다는 사실입니다.

전시관을 오가는 발걸음, 광장을 가로지르는 산책, 카페에서 조용히 시간을 보내는 사람들. 예술이 없을 때도 이 공간은 충분히 기능합니다. 이는 성남아트센터가 '이벤트형 문화 시설'이 아니라, 상시적으로 열려 있는 도시의 거실에 가깝기 때문입니다. 그래서 성남아트센터에 갈 때마다 이런 질문을 던져봅니다.

> "문화 시설은 도시의 어디에 있어야 하는가, 얼마나 커야 하는가, 그리고 누구를 위해 열려 있어야 하는가."

성남아트센터는 이 질문에 이렇게 답하는 듯합니다.

> "중심에 있으되 중심을 차지하지 말 것, 크되 위압적이지 말 것, 그리고 무엇보다 시민의 일상에 자연스럽게 스며들 것."

저는 이곳을 걸을 때마다, 도시가 예술을 대하는 태도를 읽으려 합니다. 예술을 전시품처럼 다루는 도시인지, 아니면 삶의 일부로 받아들이는 도시인지. 성남아트센터는 후자에 가깝습니다. 이곳에서는 예술이 삶을 끌어당기지 않습니다. 대신 삶이 예술 쪽으로 한 발짝 다가갈 수 있는 여지를 남겨둡니다.

그래서 성남아트센터는 언제나 '완성된 공간'이라기보다, 계속 사용되며 완성되어 가는 공간처럼 보입니다. 공연을 본 사람의 기억, 전시를 관람한 아이의 질문, 광장에서 나

성남아트센터 오페라하우스 전경

2005년 개관한 성남아트센터는 공연장과 미술 전시장이 같이 있는 복합 문화 시설로 성남 문화예술의 메카입니다. 예술을 과시하지 않고, 시민의 일상 위에 조심스럽게 얹혀 있는 성남아트센터는 예술이 목표가 아니라 도시 생활의 한 부분처럼 느껴집니다.

는 짧은 대화들이 켜켜이 쌓이며 이 공간의 성격을 만들어 갑니다. 도시의 문화 수준은 시설의 숫자가 아니라, 그 시설이 얼마나 자주, 얼마나 자연스럽게 사용되는지로 결정되는 것이니까 말입니다.

해가 질 무렵, 성남아트센터의 광장은 낮과 다른 얼굴을 보여줍니다. 조명이 켜지고, 건물의 윤곽이 부드럽게 드러납니다. 그 순간 이곳은 '문화 시설'이라는 이름보다, 도시가 스스로에게 허락한 여유처럼 느껴집니다. 바쁘게 살던 하루 끝에, 굳이 무언가를 하지 않아도 괜찮은 공간이 있다는 사실. 그것만으로도 도시는 한 단계 성숙해집니다. 성남아트센터는 성남이라는 도시가, 효율을 넘어 품격을 선택했음을 보여주는 확실한 증거입니다.

성남아트센터에 가면 꼭 들러야 할 곳,
성남큐브미술관

성남아트센터를 찾을 때, 많은 분들이 공연 시간에 맞춰 발걸음을 재촉합니다. 하지만 저는 이곳에 오면 일부러 시간을 남겨둡니다. 공연장으로 바로 들어가지 않고, 한 번 더 방향을 틀어 성남큐브미술관으로 향하기 위해서입니다. 그 선택만으로도 성남아트센터라는 공간이 얼마나 입체적인 문화의 결을 지닌 곳인지 분명해집니다.

큐브미술관은 성남아트센터 내부에 자리한 전시 공간입니다. '가깝다'는 표현보다 정확한 말은 '같은 공간 안에 있다'는 표현일 것입니다. 야외로 나갈 필요도 없고, 도시의 소음 속으로 다시 섞일 필요도 없습니다. 공연장과 전시실, 교육 공간이 하나의 동선 안에서 자연스럽게 이어집니다. 이 구조 자체가 성남아트센터가 지향해 온 문화 철학을 말해줍니다. 문화는 따로 떼어 소비하는 것이 아니라, 일상의 호흡 안에서 만나야 한다는 생각 말입니다.

큐브미술관의 가장 큰 장점은 접근성입니다. 미술관을 일부러 찾아가야 하는 목적지로 만들지 않았다는 점이 중요합니다. 공연을 보러 왔다가 전시를 만나고, 전시를 보러 왔다가 로비에서 공연 포스터를 마주칩니다. 문화가 우연히 겹치는 구조입니다.

이 우연은 반복되며 습관이 되고, 습관은 도시의 문화 수준을 끌어올립니다. 분당에서 문화가 특별한 이벤트가 아니라 생활의 일부로 자리 잡게 된 이유 중 하나가 바로 이 구조에 있다고 생각합니다.

시민회관의 기억,
성남아트리움으로 이어지다

큐브미술관을 나설 때면 저는 늘 같은 생각을 합니다. 이 공간이 품고 있는 감각은 전시실의 벽에서 끝나지 않는다는 사실을요. 작품을 보고, 설명을 읽고, 잠시 머무는 경험은 곧 바로 다른 예술의 장으로 이어질 준비를 합니다. 바로 수정구 옛 시민회관의 자리에 세워진 성남아트리움입니다.

성남아트리움이 자리한 곳은 과거 '성남시민회관'이 있던 자리입니다. 한 세대 전, 이곳은 결혼식도 열리고, 지역 행사가 열리며, 시민들이 가장 자연스럽게 모이던 문화의 중심이었죠. 시간이 흐르며 기능은 노후해졌지만, 성남아트리움으로 새롭게 탄생했습니다.

2022년 공식 개관한 성남아트리움은 지하 4층, 지상 2층 규모의 공연·문화 공간입니다. 대극장과 소극장을 함께 갖추고 있으며, 클래식 공연부터 연극, 지역 예술단체의 무대까지 폭넓게 수용할 수 있도록 설계되었죠. 건축적으로 눈에 띄는 점은 과도한 장식 대신 도시 속 공공건축으로서의 단정함을 선택했다는 점입니다. 외형은 절제되어 있지만, 내부는 음향과 동선, 관객의 집중을 중심으로 치밀하게 설계되었습니다. 보여주기 위한 건물이 아니라, 사용되기 위

성남아트리움 전경

구 성남시민 회관 자리에 들어선 성남아트리움은 원도심 시민들의 문화 갈증 해소에 기여하고 있습니다.

한 건물이라는 인상이 분명합니다.

제가 성남아트리움을 좋아하는 이유도 여기에 있습니다. 문화 시설은 종종 겉치레를 꾸미는 데 치우치기 쉽습니다. 그러나 이곳은 겉치레보다 기능을, 이벤트보다 일상이 우선입니다. 대규모 국제 행사가 없어도 괜찮고, 매일 화려할 필요도 없습니다. 대신 시민들이 반복해서 찾을 수 있는 무대, 지역 예술가들이 안정적으로 설 수 있는 공간을 택했습니다. 문화가 도시를 바꾸는 방식은 언제나 이렇게 조용합니다.

성남아트리움의 역할은 성남아트센터와의 관계 속에서 더 분명해집니다. 아트센터가 도시의 대표 무대라면, 아트리움은 그 무대를 일상으로 끌어오는 공간입니다. 큐브미술관이 시각예술을 통해 감각을 열어준다면, 아트리움은 공연예술을 통해 시간을 함께 나누게 합니다. 전시에서 공연으로, 관람에서 체류로, 문화 경험의 결이 자연스럽게 이어집니다.

저는 이곳을 걸을 때마다, 문화가 도시를 지탱하는 힘이 무엇인지 다시 생각하게 됩니다. 문화는 소비되는 콘텐츠가 아니라, 사람들이 서로를 알아보고 소통하게 하는 무언가가 아닐까요. 같은 시간에 같은 공간에 앉아 숨을 고르고, 박수를 치고, 침묵을 공유하는 경험. 성남아트리움은 바로 그런 경험이 가능한 장소입니다.

성남아트리움이 특별한 이유는 새로워서가 아닙니다. 이곳은 성남이라는 도시가 스스로에게 “우리는 무엇을 이어갈 것인가”라고 물었을 때 내놓은 성숙한 대답입니다.

판교 서사의 시작, 판교박물관

성남아트리움에서 문화의 현재를 살폈다면, 이제 다시 판교로 시선을 돌릴 차례입니다. 다만 이번에 돌아가는 판교는 빌딩과 기업의 판교가 아니라, 그 이전의 판교입니다. 저는 도시를 이해할 때 늘 같은 질문을 던집니다.

“이 도시는 어디에서 시작되었는가?”

산업의 속도보다 땅의 기억은 훨씬 느리게 쌓입니다. 판교박물관은 판교가 혁신의 상징이 되기 훨씬 이전, 이 땅에 사람이 살고 길이 나고 삶이 이어졌던 시간을 조용히 들려주는 곳입니다. 그래서 문화 이야기의 마지막에 다시 판교로 돌아오는 동선을 소개하는 이유는, 뒤로 가는 걸음이 아니라 도시가 들려주는 이야기를 완성하기 위한 깊이의 이동이라고 생각해서입니다.

판교박물관은 분당구 판교동에 자리하고 있습니다. 테크노밸리와 그리 멀지 않은 위치지만, 이곳의 시간은 분명히 다르게 흐릅니다. 유리와 철로 둘러싸인 혁신의 풍경을 조금만 벗어나면, 토기와 농기구, 옛 지도와 생활 유물들이 차분하게 놓인 공간을 만나게 됩니다. 박물관은 크지 않습니다. 화려한 연출이나 과도한 장치도 없습니다. 대신 판교라는 땅이 어떤 과정을 거쳐 지금에 이르렀는지를, 생활사의 언어로 설명합니다. 선사시대부터 조선시대, 근현대에 이르기까지 이어진 판교 일대의 흔적들이 차곡차곡 정리되어 있습니다.

저는 이 박물관의 가장 큰 장점을 '속도를 낮추는 방식'이라고 느꼈습니다. 판교에서 속도는 일상의 기본값입니다. 일정, 마감, 성장 곡선이 늘 앞에 놓여 있습니다. 그런데 이곳에 들어서면, 질문이 바뀝니다. 얼마나 빨리 왔는가가 아니라, 어떻게 여기까지 왔는가를 묻게 됩니다. 농경 유물 하나, 오래된 지도 한 장을 바라보고 있으면, 판교라는 땅이 결코 갑자기 선택된 공간이 아니라는 사실이 또렷해집니다. 물길이 있었고, 사람이 모였고, 생활했던 자리였기에 오늘의 판교도 가능했다는 점 말입니다.

판교박물관은 개발의 반대편에 서 있는 공간이 아닙니

판교박물관 내 선사시대 유물사진

분당구 판교동에 자리 잡은 판교박물관은 판교가 혁신의 상징이 되기 훨씬 이전, 이 땅에 사람이 살고 길이 나고 삶이 이어졌던 시간을 조용히 들려주는 곳입니다. 판교라는 땅이 어떤 과정을 거쳐 지금에 이르렀는지를, 생활사의 언어로 설명합니다. 선사시대부터 조선시대, 근현대에 이르기까지 이어진 판교 일대의 흔적들이 차곡차곡 정리되어 있습니다.

다. 오히려 개발을 더 정확하게 이해하게 만드는 장소에 가깝습니다. 과거를 알 때 현재의 선택이 선명해지기 때문입니다. 저는 이 점이 중요하다고 생각합니다. 도시가 앞으로 나아가기 위해 반드시 과거에 머물러야 할 필요는 없습니다. 그러나 과거를 통과하지 않은 미래는 방향을 잃기 쉽습니다. 박물관은 도시의 브레이크가 아니라, 조향 장치입니다. 이곳에서 판교를 바라보면, 산업 단지라는 단어가 조금 다르게 느껴집니다. 판교는 단순히 기술이 모인 곳이 아니라, 오랫동안 사람이 살기에 적합했던 땅 위에 새로운 기능이 덧대어진 도시입니다. 그래서 이 도시의 힘은 기술 그 자체보다, 기술을 받아들이는 토양에서 나온다고 생각합니다.

판교박물관은 그 토양을 눈으로 확인하게 해줍니다. 땅의 결, 생활의 흔적, 시간의 층위가 한눈에 들어옵니다. 매우 중요한 메시지를 품고 있지요. 도시는 백지에서 시작되지 않는다는 사실입니다. 아무리 혁신적인 계획이라도, 이전의 삶과 단절된 상태에서는 오래 지속되기 어렵습니다. 판교가 지금처럼 빠르게 성장할 수 있었던 이유 역시, 이곳이 원래부터 삶을 품을 수 있는 자리였기 때문입니다. 박물관은 그 사실을 조용하지만 분명하게 들려줍니다.

저는 판교박물관이 판교 서사의 끝이 아니라, 오히려 시작이라고 생각합니다. 이곳을 다녀온 뒤에야 테크노밸리의 빌딩들이 조금 다르게 보이기 때문입니다. 그 빌딩들은 어느 날 갑자기 솟아오른 것이 아니라, 오랜 시간 쌓여온 선택 위에 세워진 결과물입니다. 과거의 판교 위에 현재의 판교가 있고, 그 위에 미래의 판교가 놓여 있습니다. 출발점을 아는 도시는 다음 단계를 흔들림 없이 선택할 수 있습니다. 한 도시의 진짜 저력은 바로 여기에 있습니다. 기술보다 깊은 시간, 성장보다 단단한 기억. 그 기억 위에서 우리는 오늘도, 그리고 내일도 앞으로 나아가고 있습니다.

12

하나의 성남

하나의 도시,
두 개의 성장 경로

성남을 오래 걸을수록, 이 도시는 하나이면서 동시에 둘이라는 생각을 하게 됩니다. 행정구역은 하나지만, 삶의 결은 분명히 달랐기 때문입니다. 분당과 원도심은 같은 시간 위에 놓여 있었지만, 서로 다른 방식과 속도로 성장해 왔습니다. 이 차이는 우연이 아니었습니다. 도시가 처음 선택한 구조 속에 이미 각기 다른 성장 경로가 새겨져 있었기 때문입니다.

원도심은 광주대단지라는 급격한 이주 정책 속에서 출발했습니다. 삶이 먼저 도착했고, 도시는 그 뒤를 따라왔습니다. 주거와 생계, 상업과 산업이 자연스럽게 섞이며 성장했고, 기반 시설은 늘 한발 늦었습니다. 반면 분당은 계획이 먼저인 도시였습니다. 주거·업무·녹지를 구분하고, 도로와 철도를 중심으로 질서를 세운 도시였습니다. 같은 성남 안에서 두 지역은 전혀 다른 문법으로 성장하게 된 것입니다.

이 차이는 시간이 흐를수록 더욱 또렷해졌습니다. 분당은 새로운 도시의 기준이 되었고, 원도심은 그 기준과 나란히 놓이며 비교의 대상이 되었습니다. 그러나 이 지점에서 중요한 것은 어느 쪽이 더 옳았느냐가 아닙니다. 두 성장 경로가 충분히 연결되지 못한 채 병렬로 유지되어 왔다는 사실입니다. 도시는 연결을 통해 완성되는데, 성남은 오랫동안 각자의 성취를 한 도시에 동시에 안고 살아왔습니다.

시간이 쌓이자 또 다른 과제가 자연스럽게 모습을 드러냈습니다. 노후화입니다. 원도심은 재개발을 통해 생활 기반을 다시 세워야 할 시점에 이르렀고, 분당은 재건축을 통해 성숙한 도시의 다음 단계로 넘어갈 준비를 해야 하는 시점에 도달했습니다. 두 지역 모두 "이제 바꿔야 한다"라는 말로 설명되지만, 그 의미는 다릅니다. 원도심의 변화는 회복에 가깝고, 분당의 변화는 갱신에 가깝습니다. 같은 단어로 묶이지만, 필요한 해법은 다릅니다.

그럼에도 그동안의 정책은 종종 이 차이를 충분히 반영하지 못했습니다. 재개발과 재건축을 하나의 규제 프레임 안에서 다루며 속도와 효율의 문제로만 접근한 경우가 많았습니다. 그 결과 원도심은 늘 '아직 준비 중인 도시'로 남았고, 분당은 '생각보다 빨리 시간을 맞이한 도시'라는 평가를 받기도 했습니다. 이는 지역의 한계라기보다, 성남을 하나의 체계로 읽지 못했던 시각의 한계였지요.

여기에 주거·산업·교통의 불균형이 더해졌습니다. 판교는 산업과 일자리의 중심으로 성장했고, 분당은 주거의 중심이 되었으며, 원도심은 그 사이에서 다양한 가능성을 품은 공간으로 남아 있습니다. 출퇴근 시간의 혼잡과 특정 시간대에 집중되는 이동 수요는 이 구조가 일상에서 드러나는 모습입니다. 도시의 기능이 따로 움직일수록, 우리의 하루는 길어지지 않던가요. 이제는 이 기능들을 다시 엮어야 할 시점이라고 생각합니다.

돌이켜보면 성남은 너무 많은 역할을 동시에 감당해 온 도시입니다. 산업 도시, 주거 도시, 행정 도시, 그리고 새로운 실험을 받아들이는 도시의 얼굴을 번갈아 써 왔습니다. 다만 그 얼굴들이 하나의 표정으로 정리되지 않았을 뿐입니다. 이제 필요한 것은, 서로 다른 성장의 궤적을 하나의 이야기로 묶는 일입니다.

분당과 원도심에 대한 논의 역시 어느 쪽이 더 낫느냐의 문제가 아니라, 어떻게 연결할 것이냐의 문제로 넘어가야 합니다. 이 책의 마지막이 다시 이 질문으로 돌아오는 이유도 여기에 있습니다. 성남의 다음 50년은 더 이상 두 개의 경로로 갈 수 없습니다. 하나의 도시로 작동하기 위한 조건을, 이제는 분명하게 선택해야 할 시간입니다.

저는 이 선택이 충분히 가능하다고 생각합니다. 성남은 이미 서로 다른 경험과 자산을 모두 갖춘 도시이기 때문입니다. 필요한 것은 부정이 아니라 조율이고, 대체가 아니라 연결입니다. 흩어져 있던 시간과 공간을 다시 이어 붙이는 일, 그것이 지금 성남 앞에 놓인 과제이자 기회입니다.

하나의 성남은 갑자기 만들어지지 않습니다. 그러나 방향을 정하고, 연결을 선택한다면 충분히 도달할 수 있습니다. 두 개의 성장 경로를 넘어, 하나의 도시로 작동하는 성남. 저는 그 가능성이 이미 이 도시 곳곳에 자라고 있다고 믿습니다.

하나의 성남이 되기 위한 구체적 요건

'하나의 성남'이라는 말에는 분명한 전제가 담겨 있습니다. 성남의 문제는 부족함이 아니라 흩어짐이라는 인식입니다.

이 도시는 자원도 충분했고, 가능성도 많았으며, 축적된 경험 역시 적지 않았습니다. 다만 그것들이 하나의 방향으로 동시에 작동하지 못했을 뿐입니다. 그래서 제가 말하는 '하나'는 일방적인 통합이 아니라, 연결의 방식에 가깝습니다.

그 출발점은 원도심과 분당의 관계를 다시 바라보는 일입니다. 두 공간은 오랫동안 서로 다른 역할을 맡아왔습니다. 원도심은 생활의 밀도가 높은 도시였고, 분당은 계획의 완성도가 높은 도시였습니다. 어느 한쪽을 끌어올리거나 다른 한쪽을 낮추는 방식으로는 균형이 만들어지지 않습니다. 필요한 것은 비교가 아니라 분담이고, 경쟁이 아니라 상호 보완입니다. 원도심에는 재생을 통한 생활 기반의 회복이, 분당에는 성숙한 도시로의 전환이 동시에 필요합니다. 균형은 평균을 맞추는 일이 아니라, 관계를 정교하게 설정하는 문제입니다.

통합 생활권이라는 말이 구호에 그치지 않으려면, 출퇴근과 교육, 소비와 여가가 하나의 동선 안에서 자연스럽게 이어져야 합니다. 도시가 일하는 곳과 사는 곳을 지나치게 나눌수록, 시민의 하루는 길어지고 피로해집니다. 이 연결을 가능하게 하는 가장 중요한 축이 바로 대원천 복원과 탄천으로의 연결입니다. 하천은 도시의 가장 오래된 인프라이자, 가장 유연한 연결 장치입니다. 대원천 복원이 원도심의 흐름을 되살리는 작업이라면, 탄천은 성남 전체를 하나로 묶는 생활의 축입니다. 이 물길을 따라 생태와 문화, 보행이 이어질 때 도시는 단절을 넘어설 수 있습니다. 하천은 경계를 긋는 선이 아니라, 도시를 관통하는 언어가 되어야 합니다.

공항 이전을 둘러싼 논의 역시 같은 구조 위에 놓여 있습니다. 이는 단기적인 개발 계획이 아니라, 도시 전체의 구조를 장기적으로 바로잡기 위한 선택에 가깝습니다. 고도 제한이라는 하나의 조건이 성남의 절반을 묶어 왔다는 사실은, 도시 운영의 안정성을 얼마나 크게 제약해 왔는지를 보여줍니다. 이전 논의의 본질은 개발의 욕망이 아니라, 예측 가능한 도시 설계를 가능하게 하는 조건을 마련하는 데 있습니다.

이 모든 공간 전략은 산업·문화·교통이라는 세 개의 축 위에서 함께 작동해야 합니다. 산업은 판교와 하이테크밸리를 중심으로 확장되고, 문화는 탄천과 원도심을 따라 일상 속으로 스며들며, 교통은 철도와 트램을 중심으로 생활권을 촘촘히 묶어야 합니다. 이 세 축이 동시에 돌아갈 때, 도시는 비로소 하나의 리듬을 갖게 됩니다.

무엇보다 중요한 것은, 하나의 성남이 행정만으로 완성되지 않는다는 사실입니다. 도시의 연결은 시민의 참여 없이는 지속될 수 없습니다. 공간을 어떻게 쓰고, 무엇을 우선순위에 둘 것인지는 결국 시민의 경험에서 출발해야 합니다. 이용자가 아니라 주체로 참여할 때, 연결은 제도가 아니라 문화로 남습니다.

결국 '하나의 성남'은 새로운 것을 만드는 일이 아니라, 이미 존재하는 좋은 요소들을 다시 엮는 작업입니다. 흩어져 있던 공간을 연결하고, 따로 움직이던 기능을 조율하며, 시민의 일상 위에 도시를 다시 올려놓는 일입니다. 복잡해 보일지 모르지만, 원칙은 단순합니다. 성남을 더 크게 만드는 것이 아니라, 더 잘 작동하게 만드는 것. 이 원칙이 지켜질 때, 성남은 하나의 성남, 연결된 성남으로 한 걸음 더 나아갈 수 있을 것이라 믿습니다.

도시는 그 안에서 살아가는 사람들을 닮는다

사람은 도시를 만들고, 도시는 사람을 만듭니다. 어떤 도시는 늘 서두르다 지치고, 어떤 도시는 커지는 데만 집중하다 무거워집니다. 성남은 그 두 극단 사이에서 균형을 찾기 위해 오랫동안 숨을 고르며 자라온 도시였습니다. 급하게 커야 했던 시기도 있었고, 소리 없이 버텨야 했던 시간도 있었습니다. 그래서 성남은 화려한 선언보다 생활의 결을 먼저 떠올리게 하는 도시가 되었습니다.

제가 성남이 지금 다음을 준비해야 한다고 생각하는 이유는, 이 도시가 이미 충분한 가능성을 품고 있기 때문입니다. 이제는 속도만을 앞세우는 도시가 아니라, 속도와 리듬을 함께 조율할 줄 아는 도시가 되어야 할 시점입니다. 성장의 엔진을 더 세게 돌리는 대신, 그 엔진이 오래 작동할 수 있도록 도시의 구조를 점검하고 다듬는 일. 그것이 지금 성남 앞에 놓인 가장 현실적인 과제라고 생각합니다.

저는 성남이 결코 현재에 안주하는 도시라고 보지 않습니다. 대한민국에서 살기 좋은 도시, 일하기 좋은 도시를 넘어 세계와 자연스럽게 연결되는 도시를 꿈꾸는 것도 충분히 가능하다고 믿습니다. 다만 제가 생각하는 글로벌 도시는 멀리 있는 개념이 아닙니다. 눈에 띄는 랜드마크를 세우는 일이 아니라, 서로 다른 국적과 환경을 지닌 사람들이 한 도시 안에서 불편 없이 공존할 수 있는 조건을 만들어 가는 일에 더 가깝습니다.

그래서 성남다움은 경쟁보다 포용에서 나온다고 생각합니다. 원도심과 분당이 서로를 밀어내지 않고, 판교의 빠른 속도가 주변을 소외시키지 않으며, 새로 이주해 온 사람과 오래 살아온 사람이 같은 풍경을 공유할 수 있는 도시. 그런 도시야말로 오래 건강하게 성장할 수 있습니다. 결국 우리가 지켜야 할 태도는 '사람이 중심이 되는 도시'라는 말 속에 담겨 있습니다.

사람이 중심이라는 말은 누군가를 앞세운다는 뜻이 아닙니다. 도시의 판단 기준을 언제나 사람의 하루에 두겠다는 약속입니다. 정책 하나를 만들 때, 그 결정이 어느 골목의 저녁을 어떻게 바꿀지, 어느 아이의 등굣길을 조금 더 안전하게 만들지, 어느 노년의 이동을 덜 불안하게 할지를 먼저 떠올리는 일. 그 상상력이 도시를 차갑지 않게, 사람의 체온을 지닌 공간으로 만듭니다.

'시민이 주인인 도시'라는 말도 같은 맥락에 있습니다. 그것은 완벽한 합의를 뜻하지 않습니다. 오히려 다양한 의견이 공존하고, 때로는 속도가 더뎌지더라도 서로의 이야기를 들을 수 있는 도시를 의미합니다. 참여란 동의를 강요하는 일이 아니라, 의견을 낼 수 있는 자리가 언제나 열려 있다는 신뢰입니다. 그 신뢰가 쌓일 때, 도시는 더 단단해지고 더 풍요로워집니다.

성남의 다음 50년은 지금과 많이 달라질 것입니다. 건물의 높이도, 산업의 형태도, 이동의 방식도 바뀔 것입니다. 그러나 한 가지는 변하지 않아야 합니다. 이 도시가 누구를 위해 존재하는가에 대한 답입니다. 더 많은 것을 소유하는 도시가 아니라, 더 많은 삶을 품을 수 있는 도시로 남는 것. 그것이 성남이 지켜야 할 방향이라고 믿습니다.

"우리는 이 도시에서 어떤 하루를 살고 싶은가?"

이 질문에 계속 답하려는 도시라면, 성남은 이미 충분히 세계와 만날 준비가 되어 있습니다. 그리고 저는 그 가능성을, 이 도시의 사람들 속에서 이미 보고 있습니다.

Part 3

성남의 미래를 상상하다: 한국의 실리콘밸리, 성남

도시는 어느 날 갑자기 세계로 나아가지 않는다. 대부분의 도시는 자신이 처한 조건을 오래 들여다본 끝에, 비로소 다음 단계를 상상하기 시작한다. 성남이 지금 글로벌 시티를 이야기하는 이유도 여기에 있다.

성남은 출발부터 예외적인 도시였다. 국가 주도의 급격한 이주 정책 속에서 태어난 원도심, 계획과 설계를 통해 만들어진 분당, 그리고 산업 전략의 실험장이 된 판교까지. 이 도시는 하나의 문법으로 성장한 적이 없었다. 대신 서로 다른 시간, 다른 목적, 다른 속도를 가진 공간들이 중첩되며 지금의 형태를 이루었다. 이 복합성은 오랫동안 성남의 과제로 여겨졌지만, 동시에 세계 도시들과 나란히 놓고 볼 때 가장 큰 잠재력이 되기도 한다.

글로벌 시티는 더 이상 수도의 전유물이 아니다. 세계 곳곳에는 수도가 아님에도 국제적 영향력을 갖춘 도시들이 존재한다. 이들 도시는 규모나 권한보다 연결의 방식으로 자신을 증명해

왔다. 행정 경계를 넘어 생활권을 확장하고, 산업을 고립시키지 않으며, 도시 간 경쟁보다 기능적 연합을 선택했다. 글로벌 시티란 결국 큰 도시의 이름이 아니라, 잘 엮인 도시의 상태를 가리키는 말이 되었다.

성남은 이미 그 조건을 상당 부분 갖추고 있다. 전국에서 가장 집적된 지식산업 기반, 생활 인프라가 성숙한 주거 도시, 높은 보행·하천·공원 밀도를 지닌 구조. 여기에 서울과 수도권 남부를 잇는 교통 축이 겹쳐 있다.

성남은 스스로를 키우는 도시이면서 동시에 주변 도시들과 함께 성장할 수 있는 위치에 서 있다. 성남은 국가 성장 논의의 변두리가 아니라 중심에 설 수 있다. 이것은 추상적인 비전 선언이 아니라, 구체적인 선택의 문제다. 성남이 세계 도시들로부터 무엇을 배우고, 무엇을 다르게 선택할 것인가. 성남은 글로벌 시티의 가능성을 가진 도시 중 하나라고, 나는 믿는다.

위례중앙광장 모습

사방으로 탁 트인 위례중앙광장은 성남 위례 주민들의 소통의 장 역할을 톡톡히 하고 있습니다. 어디로도 갈 수 있고 어디에서든 올 수 있는 '광장'의 의미를 생각하게 됩니다.

WIRYE

13

수도가 아니어도 괜찮다

뉴욕, 바르셀로나, 피렌체의 공통점

세계적인 도시는 언제나 수도일 것 같지만, 도시의 역사를 찬찬히 들여다보면 꼭 그렇지만은 않습니다. 오히려 많은 경우, 세계 도시는 수도가 아니었기에 자기만의 길을 만들 수 있었습니다. 저는 이 지점이 성남을 이야기할 때 특히 중요하다고 생각합니다. '수도가 아니라서 한계가 있다'라는 말은, 도시의 가능성을 행정 지위에 가두는 가장 손쉬운 방식이기 때문입니다.

뉴욕은 미국의 수도가 아닙니다. 워싱턴 D.C.가 정치의 중심이라면, 뉴욕은 금융과 문화, 이민과 상상이 뒤섞인 도시입니다. 뉴욕은 수도를 닮으려 하지 않았습니다. 대신, 세계를 자기 안으로 끌어들였습니다. 다양한 언어와 문화, 자

뉴욕(위)과 바르셀로나(아래) 도시 전경

뉴욕과 바르셀로나는 수도가 아니었기에 자신만의 정체성을 더 뚜렷하게 만들어 세계적인 도시가 되었다는 공통점이 있습니다.

본과 재능이 교차하는 공간을 만들었고, 그 교차 자체가 경쟁력이 되었습니다. 뉴욕이 세계 도시가 된 이유는 크기나 권력이 아니라, 열림의 방식에 있었습니다.

피렌체 역시 마찬가지입니다. 이탈리아의 수도는 로마지만, 인류의 사고방식을 바꾼 도시는 피렌체였습니다. 르네상스는 국가의 명령으로 시작되지 않았습니다. 예술가와 상인, 학자들이 한 도시에 모여 서로의 생각을 교환하면서 탄생했습니다. 피렌체는 거대한 도시가 아니었지만, 질문이 많은 도시였습니다. '인간이란 무엇인가'라는 질문을 품을 수 있었던 공간, 그것이 피렌체를 세계사에 각인시킨 이유였습니다.

바르셀로나도 흥미로운 사례입니다. 스페인의 수도는 마드리드지만, 바르셀로나는 도시의 얼굴을 스스로 디자인했습니다. 바르셀로나는 경쟁 도시를 이기려 하지 않았습니다. 대신, 이 도시에서만 가능한 삶의 방식을 만들었습니다. 보행 중심의 도로, 바다와 맞닿은 공공 공간, 일상에 스며든 문화. 이 도시의 전략은 단순했습니다. '잘 살 수 있는 도시'가 곧 '찾아오고 싶은 도시'가 된다는 믿음이었습니다.

이 도시들의 공통점은 분명합니다. 수도가 아니어도 괜찮다는 사실을 스스로 증명했다는 점입니다. 더 정확히 말하면, 수도가 아니었기에 자신만의 정체성을 더 뚜렷하게 만들 수 있었습니다. 세계 도시는 중앙의 자리를 차지해서 만들어지는 것이 아니라, 자기만의 역할을 분명히 했을 때 만들어집니다.

저는 이 이야기가 성남과 아주 잘 맞닿아 있다고 생각합니다. 성남은 서울이 아닙니다. 그렇다고 서울의 위성도시로만 머물러야 할 이유도 없습니다. 성남은 이미 산업, 주거, 문화가 동시에 작동하는 보기 드문 구조를 갖고 있습니다. 세계 도시의 문법으로 보면, 이건 약점이 아니라 강점입니다. 한 가지 기능에만 의존하지 않는 도시는 외부 변화에 더 유연합니다.

글로벌 시티를 이야기할 때 가장 경계해야 할 태도는 '따라잡기'입니다. 다른 도시가 했던 것을 더 크게, 더 빠르게 하겠다는 방식은 결국 피로를 남깁니다. 반대로, 세계 도시로 남은 곳들은 대부분 이렇게 말합니다. 우리는 우리가 잘하는 것을 더 깊게 했다. 뉴욕은 다양성을, 피렌체는 사유를, 바르셀로나는 삶의 질을 선택했습니다.

성남도 같은 질문 앞에 서 있다고 생각합니다.

"성남은 무엇을 가장 잘할 수 있는 도시인가?"

이 질문에 답하는 순간, 성남은 더 이상 수도를 기준으로 비교되는 도시가 아니라, 세계와 직접 연결되는 도시가 됩니다. 성남이 글로벌 시티로 성장하는 것은 불가능한 목표가 아닙니다. 이미 가진 조건을 어떻게 해석하고 나아가느냐의 문제입니다.

밀라노, 뮌헨, 밴쿠버가 보여준 글로벌 시티의 다른 공식

글로벌 시티가 되기 위한 조건이 반드시 정치의 중심일 필요는 없습니다. 오히려 오늘날 세계 도시의 상당수는 자신만의 개성을 가진 도시에서 탄생하고 있습니다. 이 도시들의 공통점은 자신이 가장 잘할 수 있는 역할을 끝까지 밀어붙였다는 데 있습니다.

이탈리아의 밀라노는 로마가 아닌데도, 세계가 먼저 찾는 도시가 되었습니다. 밀라노는 정치의 수도가 아니라 산업과 디자인의 수도입니다. 금융, 패션, 제조, 디자인이 흘러넘치는 이 도시는 '이탈리아의 얼굴'을 자처하지 않았습니다. 대신 일이 가장 잘 굴러가는 도시가 되는 길을 택했습니다. 세계 4대 패션위크 중 하나가 밀라노에서 열리는 이유도 여기에 있습니다. 이 도시는 '보여주는 도시'가 아니라 결정

뮌헨의 올림픽공원(위)과 밴쿠버(아래) 전경

산업 도시이지만 도심지 한가운데 공원과 보행 공간이 살아 있는 뮌헨과 자연과 공존하는 관문 도시 밴쿠버는 세계인의 신뢰와 선택을 받는 도시라는 공통점이 있습니다.

이 내려지는 도시로 기능합니다.

독일의 뮌헨 역시 수도가 아닙니다. 그러나 BMW, 지멘스, 인피니언 같은 글로벌 기업들이 뮌헨을 선택한 이유는 분명합니다. 뮌헨은 산업 도시이면서 동시에 삶의 질을 포기하지 않은 도시입니다. 첨단 산업과 연구 인프라가 집적되어 있지만, 도시 한가운데에는 공원과 보행 공간이 살아 있습니다. 뮌헨은 속도를 강요하지 않습니다. 대신 오래 일할 수 있는 조건을 만듭니다. 그래서 이 도시는 단기 성과보다 지속 가능한 경쟁력으로 세계의 신뢰를 얻었습니다.

캐나다의 밴쿠버는 또 다른 모델입니다. 오타와가 행정수도라면, 밴쿠버는 태평양을 향한 관문 도시입니다. 이 도시는 아시아와 북미를 잇는 물류·금융·문화의 교차점으로 성장했습니다. 밴쿠버의 힘은 대규모 개발이 아니라, 자연과 도시의 공존에서 나옵니다. 해안선과 도심, 주거와 업무가 단절되지 않으면서, 글로벌 인재들이 '살기 위해 선택하는 도시'가 되었습니다.

이 세 도시는 공통적으로 이렇게 말하는 듯합니다.

"우리는 국가를 대표하지 않아도 된다. 다만 세계가 필요로 하는 역할은 정확히 맡겠다."

이 점에서 저는 성남을 떠올립니다. 성남 역시 수도가 아닙니다. 그러나 판교라는 산업 엔진, 분당이라는 생활 기반, 원도심이라는 밀도 높은 도시 구조를 동시에 갖춘 보기 드문 도시입니다. 문제는 아직 이 조합이 하나의 전략으로 충분히 읽히지 않았다는 점입니다.

밀라노가 산업과 디자인으로, 뮌헨이 기술과 삶의 균형으로, 밴쿠버가 연결과 환경으로 자신을 정의했듯이, 성남 역시 "무엇으로 세계와 연결될 것인가"를 분명히 말할 수 있어야 합니다. 글로벌 시티는 수도가 되는 것이 아니라, 대체 불가능한 도시가 되는 것입니다. 그리고 그 가능성은 이미 성남 안에 충분히 존재한다고 저는 확신합니다.

14

크지 않아도 충분하다

작지만 강한 도시들

도시에 대해 이야기하다 보면, 우리는 무심코 크기를 먼저 떠올립니다. 면적이 넓은지, 인구가 많은지, 건물이 얼마나 높은지 같은 질문들입니다. 그러나 세계의 도시들을 찬찬히 들여다볼수록, 하나의 공통된 사실을 발견하게 됩니다. 글로벌 시티가 되는 데 꼭 '큰 도시'일 필요는 없다는 점입니다. 오히려 많은 글로벌 시티는 생각보다 작고, 대신 놀랄 만큼 촘촘합니다.

제가 여러 도시 사례를 살펴보며 가장 인상 깊게 느낀 것은, 글로벌 시티의 경쟁력이 면적에서 나오지 않는다는 사실이었습니다. 그것은 얼마나 많은 기능이 한 도시 안에서 밀도 있게 작동하느냐의 문제였습니다. 일하는 공간과 사는 공간, 배우는 장소와 쉬는 장소가 멀리 떨어져 있지 않고, 하나의 일상 안에서 자연스럽게 이어질 때 도시는 강해집니다. 세계는 지금, 넓은 도시보다 압축된 도시를 선택하고 있습니다.

압축된 도시의 힘은 '기능의 밀도'에서 시작됩니다. 일터와 주거지가 가까울수록, 사람은 하루를 덜 소모합니다. 출퇴근에 쓰는 시간이 줄어들면, 그만큼 삶에 여백이 생깁니다. 이 여백은 단순한 휴식 시간이 아니라, 생각하고 배우고 관계를 맺는 시간으로 바뀝니다. 많은 글로벌 시티가 이동거리를 줄이는 데 집요할 정도로 집중하는 이유도 여기에 있습니다. 도시 경쟁력은 결국 사람의 하루를 얼마나 가볍게 만드는가에 달려 있기 때문입니다.

두 번째는 '시간의 밀도'입니다. 압축된 도시는 빠르지만 조급하지 않습니다. 이동 동선이 단순하고, 생활 반경이 짧기 때문에 사람들은 시간을 쪼개 쓰지 않아도 됩니다. 세계적인 도시일수록 "얼마나 빨리 갈 수 있는가"보다 "얼마나 덜 움직여도 되는가"를 고민합니다. 불필요한 이동이 줄어들수록, 도시는 효율적이면서도 인간적인 공간이 됩니다.

세 번째는 '관계의 밀도'입니다. 압축된 도시에서는 사람과 사람이 자주 마주칩니다. 우연한 만남이 반복되고, 일과 일상이 섞이며, 협업과 대화가 자연스럽게 일어납니다. 혁신은 혼자 조용히 탄생하지 않습니다. 대부분은 자주 스치는 관계 속에서 만들어집니다. 그래서 세계의 많은 도시들은 거대한 랜드마크보다, 사람들이 머물고 섞일 수 있는 중간 공간을 더 중요하게 다룹니다.

이 지점에서 저는 성남이라는 도시를 다시 보게 됩니다. 성남은 결코 넓은 도시는 아닙니다. 그러나 분당과 판교, 원도심이 비교적 짧은 거리 안에 모여 있고, 주거와 산업, 생활 인프라가 압축적으로 배치된 구조를 갖고 있습니다. 이는 한때 한계처럼 보였을지 모르지만, 지금의 기준으로 보면 오히려 글로벌 시티에 가까운 조건입니다. 이미 필요한 요소들이 흩어져 있지 않고, 한 도시 안에 모여 있기 때문입니다.

세계적인 도시는 더 이상 무작정 커지지 않습니다. 대신, 이미 가진 공간을 어떻게 쓰느냐에 집중합니다. 기능을 재배치하고, 동선을 정리하며, 밀도를 조율합니다. 크지 않아도 충분하다는 확신, 이것이 오늘날 글로벌 시티가 공유하는 태도입니다.

저는 이 흐름이 성남에게 중요한 힌트를 준다고 생각합니다. 성남이 글로벌 시티를 이야기할 때, 면적의 한계를 걱정할 필요는 없습니다. 중요한 것은 크기가 아니라, 도시가 얼마나 촘촘하게 작동하는가입니다. 성남은 이미 그 출발선에 서 있습니다. 이제 필요한 것은 더 넓어지는 일이 아니라, 더 정교해지는 일입니다. 성남 역시, 그 길을 선택할 수 있는 역량을 갖춘 도시라고 믿습니다.

성남보다 작은 도시가 세계적인 도시가 된 이유

도시의 힘은 면적에서 나오지 않습니다. 성남의 면적은 약 141.7km^{2}입니다. 이 숫자는 흔히 중간 규모 도시로 분류되지만, 세계의 시선을 끄는 도시들 가운데 이보다 작거나 비슷한 곳은 의외로 많습니다. 중요한 것은 얼마나 넓은가가 아니라, 얼마나 밀도 있게 설계되었는가입니다.

예를 들어 독일의 하이델베르크는 약 109제곱킬로미터로 성남보다 작습니다. 하이델베르크는 세계적인 대학 도시이자 연구 중심 도시로, 규모보다 지식과 생활의 균형을 선택했습니다. 대규모 산업단지 대신, 도시 전체를 하나의 학습·연구 생태계로 설계했습니다. 이곳에서는 도시가 커지기보다 사고의 깊이가 깊어졌습니다.

스위스의 취리히는 약 88제곱킬로미터로 성남보다 훨씬 작지만, 금융·기술·문화가 조밀하게 얽힌 도시로 평가받습니다. 취리히의 경쟁력은 초고층 빌딩이나 과감한 확장이 아니라, 도시 안에서 이동·노동·여가가 균형 있게 이어지는 구조에서 나옵니다.

하이델베르크와 취리히는 면적을 키우지 않았고, 인구를 무작정 늘리지도 않았습니다. 대신 도시가 감당할 수 있는 크기 안에서 밀도를 설계했습니다. 기능을 분산시키되 단절시키지 않았고, 중심을 하나만 만들지도 않았습니다.

성남은 너무 크지도, 너무 작지도 않습니다. 세계 도시들과 나란히 놓고 비교하기에 충분한 크기이며, 동시에 정교한 설계가 가능한 규모입니다. 글로벌 시티란 지도 위에서 커 보이는 도시가 아니라, 세계의 기억 속에 선명하게 남는 도시입니다. 성남이 세계 도시를 꿈꿀 수 있는 이유는, 바로 이 '적당한 크기' 안에 이미 산업·문화·생활·사람이 함께 들어와 있기 때문입니다. 도시는 커질 때 세계가 되는 것이 아니라, 자기 역할을 정확히 알 때 세계와 만납니다.

15

늦게 시작해도 앞서갈 수 있다

성남의 전략은 '성남답게'

도시는 늘 같은 출발선에서 시작하지 않습니다. 어떤 도시는 먼저 달렸고, 어떤 도시는 뒤늦게 합류했습니다. 흔히 우리는 먼저 달린 도시를 선두라고 부르지만, 도시의 세계에서는 이 순서가 반드시 우위를 뜻하지는 않습니다. 오히려 늦게 도착한 도시는 중요한 선택지를 하나 더 갖습니다. 이미 일어난 실패를 보고 출발할 수 있다는 특권입니다. 저는 이것이 성남이 가진 가장 현실적이면서도 강력한 장점이라고 생각합니다.

도시의 실패는 책에만 남지 않습니다. 교통 체증이 일상이 되고, 주거비가 삶을 밀어내고, 혁신을 위해 만든 공간이 어느 순간부터 배타적인 구역으로 굳어지는 과정은 이미 여러 세계 도시에서 반복되었습니다. 성장은 빨랐지만, 삶이 따라가지 못한 도시들입니다.

먼저 앞서간 도시들은 많은 것을 증명했습니다. 동시에 많은 대가도 치렀습니다. 산업은 집중되었지만 주거는 분리되었고, 일자리는 늘었지만 출퇴근은 고통이 되었으며, 혁신을 위한 밀도가 어느 순간 삶의 피로로 바뀌는 장면도 확인할 수 있었습니다. 이것은 실패라기보다 성장의 부작용에 가깝습니다. 그러나 분명한 것은, 이 장면들을 이미 우리는 알고 있다는 점입니다.

성남은 백지에서 출발하는 도시가 아닙니다. 동시에, 이미 굳어버린 도시도 아닙니다. 이 애매하지만 중요한 위치 덕분에 우리는 선택할 수 있습니다. 앞선 도시들이 왜 특정 결정을 했고, 그 결정이 어떤 결과로 이어졌는지를 비교하며 도시를 설계할 수 있습니다. 이는 시간으로는 늦었지만, 정보로는 가장 앞선 출발선에 서 있다는 뜻입니다.

늦게 시작한 도시의 가장 큰 강점은 무엇을 키워야 하는지뿐만 아니라, 무엇을 경계해야 하는지도 알고 시작할 수 있다는 점입니다. 모든 기능을 한곳에 몰아넣는 방식이 어떤 한계를 만드는지, 산업 중심의 성장이 어떤 생활의 균열을 낳는지, 그리고 그 균열을 나중에 봉합하는 일이 얼마나 어려운지도 이미 충분히 보았습니다.

그래서 성남의 전략은 '성남답게'여야 합니다. 이미 검증된 모델을 무작정 복제하는 대신, 그 모델의 그늘까지 함께 고려하는 도시. 성공의 외형과 함께 지속의 구조를 먼저 설계하는 도시. 저는 이것이 후발 도시가 가질 수 있는 가장 성숙한 태도라고 생각합니다.

도시는 실험실이지만, 시민은 실험 대상이 되어서는 안 됩니다. 앞선 도시들이 시행착오를 통해 얻은 교훈은, 늦게 출발한 도시에는 값비싼 자산입니다. 성남은 그 자산을 활용할 수 있는 위치에 있습니다. 이것은 우리에게 커다란 기회가 될 것입니다. 이미 많은 답안지가 펼쳐진 시험장에 들어온 셈이니까요.

늦게 출발했지만
앞서 나간 도시들

도시의 경쟁은 출발선이 아니라 도착 방식에서 갈립니다. 세계를 무대로 존재감을 갖게 된 도시들을 살펴보면, 의외로 많은 도시가 '뒤늦게' 성장 궤도에 올랐다는 사실을 발견하게 됩니다. 이들은 초반의 속도에서 밀렸지만, 방향을 바꾸는 데는 누구보다 빨랐습니다.

스페인의 빌바오는 대표적인 사례입니다. 1990년대 초반의 빌바오는 중공업 쇠퇴로 침체에 빠진 항만 도시였습니다. 도시재생의 해법으로 빌바오가 택한 것은 공장 재가동이 아니라 도시 정체성의 전환이었습니다. '산업의 도시에서 문화·지식의 도시로'라는 명확한 목표 아래, 세계적 문화기관과의 협업을 선택했고 그 결과가 구겐하임 미술관 빌바오입니다. 빌바오는 수도도 아니었고, 대도시도 아니었으며, 성장의 주도권도 없었습니다. 그러나 이 도시는 산업의 회복이 아니라 도시 정체성의 전환을 선택했습니다. 이 도시의 상징으로 자리 잡은 구겐하임 미술관은 단순한 문화시설이 아니라, '이 도시는 더 이상 과거의 방식으로 살지 않겠다'라는 선언이었습니다. 늦게 움직였지만, 그래서 더 과감하게 바꿀 수 있었던 것입니다.

네덜란드의 에인트호번 역시 늦은 성장의 도시입니다. 필립스라는 단일 기업에 기대 성장했지만, 기업 중심 구조가 한계에 부딪히자 도시는 흔들렸습니다. 이때 에인트호번이 선택한 길은 산업 확장이 아니라 지식의 재배치였습니다. 생산을 줄이고 연구와 설계를 키웠으며, 대학·기업·디자인 기관을 느슨하게 엮는 구조를 만들었습니다. 그 결과 에인트호번은 '제조 도시'가 아니라 유럽 최고 수준의 하이테크 연구 도시로 자리 잡았습니다. 늦게 출발했기에, 산업의

스페인 빌바오 구겐하임미술관

스페인의 작은 도시 빌바오의 상징으로 자리 잡은 구겐하임미술관은 도시 정체성을 변화시킨 대표적인 사례입니다.

다음 단계를 곧장 선택할 수 있었습니다.

영국의 케임브리지는 런던이라는 거대한 수도 옆에서 오랫동안 조용한 대학 도시로 남아 있던 곳입니다. 산업 성장의 중심에 있지 않았고, 도시 규모도 작았습니다. 그러나 이 도시는 확장을 서두르지 않았습니다. 대신 연구와 창업, 생활이 분리되지 않도록 조정했습니다. 결과적으로 케임브리지는 글로벌 기술기업이 탄생하는 지식 생태계의 중심지가 되었습니다. 늦게 성장했지만, 깊이 있는 성장을 선택한 도시였습니다.

미국의 팔로알토 역시 비슷한 길을 걸었습니다. 실리콘밸리 한가운데에 있으면서도, 이 도시는 '더 큰 도시'가 되기를 원하지 않았습니다. 고층 개발을 제한하고, 보행과 주거 환경을 지키는 대신 연구와 혁신의 밀도를 높였습니다. 그 선택 덕분에 팔로알토는 규모와 무관하게 세계 기술 흐름의 중심에 설 수 있었습니다. 늦게 커졌지만, 가볍게 커지지 않았던 도시입니다.

이 도시들은 수도가 아니었고, 대도시 경쟁에서 뒤처진 출발선에 서 있었습니다. 그렇기에 '다른 선택'을 할 수 있었습니다. 이들은 성장의 타이밍을 놓친 것이 아니라, 성장의 방식 자체를 다시 설계했습니다. 이미 앞서간 도시들이 겪은 실패를 지켜본 뒤, 같은 실수를 반복하지 않았습니다. 늦게 성장한 도시는 불리하지 않았습니다. 오히려 시행착오를 건너뛸 수 있는 위치에 있었습니다.

저는 이 점에서 성남의 위치가 매우 유리하다고 봅니다. 성남은 이미 산업과 인재, 생활 인프라를 갖춘 도시입니다. 글로벌 시티에 합류하는 시각이 늦어졌다고 기회가 사라진 것은 아닙니다. 글로벌 시티는 가장 먼저 출발한 도시가 아니라, 가장 늦게라도 방향을 바로 잡은 도시입니다. 그리고 그 가능성은, 지금의 성남에도 충분히 열려 있습니다.

16

연결은 선택이 아니라 생존이다

고립된 도시는 성장하지 못한다

도시를 오래 바라보다 보면 한 가지 분명해지는 사실이 있습니다. 요즘 도시들은 더 이상 혼자 크려 하지 않는다는 점입니다. 한때는 인구가 많고, 산업이 크고, 재정이 탄탄하면 충분하다고 여겨졌습니다. 그러나 지금 세계 도시들의 전략은 다릅니다. 잘되는 도시일수록 스스로의 경계를 낮추고, 주변과 손을 잡습니다. 경쟁보다 연합을, 독주보다 연결을 선택합니다.

이 변화의 배경에는 아주 현실적인 이유가 있습니다. 오늘날 산업과 인재, 자본은 특정 도시 하나에 머무르지 않습니다. 이동 속도는 빨라졌고, 선택지는 많아졌습니다. 기업은 한 도시의 조건만 보고 결정하지 않고, 도시권 전체가 제공하는 환경을 봅니다. 인재 역시 마찬가지입니다. "이 도시가 얼마나 크냐"보다 "이 도시에서 어떤 삶이 가능한가"를 묻습니다. 이 질문 앞에서 고립된 도시는 점점 불리해질 수밖에 없습니다.

그래서 세계의 주요 도시들은 방향을 틀었습니다. 하나의 중심을 더 키우는 대신, 여러 개의 중심을 연결하는 방식을 택했습니다. 산업은 분산되고, 기능은 나뉘며, 이동은 촘촘해졌습니다. 그 결과 도시는 더 커지지 않았지만, 더 넓게 작동하기 시작했습니다. 한 도시의 성공이 인접 도시의 성장을 자극하고, 그 성장이 다시 원래의 도시로 되돌아오는 순환 구조가 만들어졌습니다.

이 지점에서 중요한 통찰 하나를 얻게 됩니다. 글로벌 시티란 혼자 빛나는 도시가 아니라, 주변을 함께 밝히는 도시라는 사실입니다. 중심이 강할수록 주변과의 관계는 더 중요해집니다. 고립은 단기적으로는 효율적일지 몰라도, 장기적으로는 선택지를 줄입니다. 반대로 연결은 처음에는 느려 보이지만, 시간이 지날수록 도시의 생존력을 키웁니다.

저는 이 흐름을 보며 성남을 떠올리게 됩니다. 판교라는 강력한 산업 중심을 가진 도시는 흔치 않습니다. 문제는 그다음입니다. 이 힘을 한 점에만 모아둘 것인가, 아니면 흐르게 할 것인가. 세계 도시들은 이미 답을 내렸습니다. 혼자 잘되는 도시는 오래가지 못하고, 함께 잘되는 도시는 다음 단계로 나아간다는 선택입니다.

이제 연결은 미덕이 아니라 조건입니다. 선택의 문제가 아니라 생존의 문제에 가깝습니다. 도시가 스스로를 닫는 순간, 성장은 멈춥니다. 반대로 경계를 열고 관계를 설계할 때, 도시는 비로소 다음 시간을 얻게 됩니다. 저도 이런 질문을 던져봅니다.

"우리는 혼자 강해질 것인가, 아니면 연결을 통해 더 오래 강해질 것인가."

글로벌 시티는 혼자 성장하지 않았다

한때 도시의 경쟁력은 크기에서 나왔습니다. 인구가 많고, 건물이 높고, 예산이 큰 도시가 중심이었습니다. 그러나 지금 세계 도시의 판이 바뀌고 있습니다. 더 크게 확장하는 도시는 지치고, 잘 연결된 도시는 오래 갑니다. 오늘날 글로벌 시티의 실제 단위는 단일 도시가 아니라 '메가 리전(Mega

Region, 초거대도시 연결권)'입니다.

미국 서부의 샌프란시스코 베이 에어리어가 대표적입니다. 흔히 실리콘밸리라고 부르지만, 실제로는 샌프란시스코, 산호세, 오클랜드, 팔로알토, 마운틴뷰가 하나의 기능적 도시권으로 작동합니다. 이곳에는 하나의 중심이 없습니다. 대신 역할이 분명합니다. 샌프란시스코는 금융과 문화, 산호세는 기술과 제조, 주변 소도시는 연구와 주거를 맡습니다. 각 도시는 경쟁하지 않고, 자신이 잘하는 기능에 집중하며 서로를 완성합니다.

독일의 라인-루르 지역도 흥미로운 사례입니다. 이 지역에는 쾰른, 뒤스부르크, 에센, 도르트문트 같은 중형 도시들이 촘촘히 연결되어 있습니다. 수도도, 압도적인 단일 중심도 없습니다. 대신 철도와 산업 네트워크를 통해 하나의 거대한 경제권을 형성했습니다. 이 지역의 경쟁력은 어느 한 도시의 화려함이 아니라, 도시 간 이동 비용이 거의 느껴지지 않는 구조에서 나옵니다. 사람과 자본, 아이디어가 '도시를 옮긴다'라는 감각 없이 흐릅니다.

이탈리아 북부의 북이탈리아 산업벨트 역시 마찬가지입니다. 밀라노, 토리노, 볼로냐, 베네치아는 각자 다른 성격을 지녔지만, 산업과 물류, 디자인, 관광이 하나의 생활권처럼 맞물려 돌아갑니다. 이 지역의 힘은 수도 로마에 있지 않습니다. 도시들이 서로의 빈칸을 채우는 방식에 있습니다.

이 도시 연합들이 말하는 것은 무엇일까요? 글로벌 시티는 더 많은 것을 끌어안는 도시가 아니라, 흐름을 설계하는 도시라는 점입니다. 이 관점에서 보면, 성남은 이미 중요한 출발선에 서 있습니다. 판교는 일자리의 중심이고, 분당은 생활 인프라가 완성된 도시이며, 원도심은 밀도와 역사, 그리고 변화의 여지를 품고 있습니다. 여기에 용인, 광주, 하남, 수원을 연결하면, 성남은 더 이상 '하나의 도시'가 아니라 경기 남부를 엮는 허브가 됩니다.

중요한 것은 누가 중심이 되느냐가 아닙니다. 누가 더 많이 흡수하느냐도 아닙니다. 누가 연결을 설계하느냐입니다. 성남이 선택해야 할 길은 명확해 보입니다. 혼자 커지는 도시가 아니라, 함께 작동하는 도시. 판교 하나로 버티는 성남이 아니라, 판교를 출발점으로 주변 도시의 가능성을 깨우는 성남이 되어야 합니다.

세계의 도시들은 이미 이 방향으로 움직이고 있습니다. 성남이 이 흐름에 늦게 올라탈 이유는 없습니다. 오히려 지금의 성남이야말로 메가 시티 논의의 주변이 아니라 정확히 한가운데에 설 수 있는 조건을 이미 갖추고 있다고 생각하지 않습니까?

연결의 마지막은 사람

도시를 연결한다고 말할 때, 우리는 흔히 도로와 철도부터 떠올립니다. 노선도 위에 선을 긋고, 환승 시간을 줄이며, 이동 속도를 계산합니다. 물론 그것들은 중요합니다. 그러나 세계의 도시들을 오래 들여다보며 제가 얻게 된 결론은 조금 다릅니다. 연결의 완성은 인프라가 아니라 사람에게서 이루어진다는 사실입니다.

아무리 좋은 교통망이 있어도, 사람들이 그 도시에 머물 이유를 느끼지 못하면 연결은 표면에 그칩니다. 오가지만 남지 않고, 스치지만 쌓이지 않습니다. 반대로 이동은 다소 불편해도, 그 도시에서의 삶이 존중받고 있다는 감각이 있다면 사람들은 시간을 들여 관계를 만듭니다. 연결은 그렇게 숫자가 아니라 경험으로 완성됩니다.

세계적인 도시들이 결국 사람 이야기로 돌아오는 이유도 여기에 있습니다. 글로벌 시티로 성장한 도시들은 하나같이 '어떻게 살 것인가'를 먼저 질문했습니다. 걷는 길의 폭, 머물 수 있는 의자의 높이, 아이와 노인이 함께 사용할 수 있는 공간의 밀도까지도 도시 설계의 언어가 되었습니다. 이때 연결은 물리적인 선을 넘어 사회적인 신호로 작동합니다.

"이 도시는 당신을 환영합니다."
"이곳에서는 당신의 속도가 존중받습니다."
"당신은 이 도시의 손님이 아니라 구성원입니다."

이 메시지가 전달될 때, 도시는 비로소 사람을 묶는 힘을 갖습니다. 교통망이 도시를 잇는다면, 신뢰는 사람을 잇습니다. 그리고 그 신뢰는 행정의 문서보다 일상의 장면에서 더 많이 만들어집니다. 공원에서, 도서관에서, 공연장과 광장에서, 그리고 출근길과 귀갓길에서 말입니다.

성남을 생각해 봅니다. 이 도시는 이미 빠른 도시입니다. 산업도, 기술도, 변화의 속도도 빠릅니다. 도시가 계속 앞으로만 달릴 때, 누군가는 속도를 따라가지 못합니다. 글로벌시티란 가장 앞선 사람만을 위한 도시가 아니라, 서로 다른 속도를 가진 사람들이 함께 도착할 수 있는 도시입니다.

그래서 저는 연결의 마지막 단계를 이렇게 정의하고 싶습니다. 도로는 사람을 이동시키고, 산업은 사람을 모으지만, 도시는 사람을 머물게 해야 완성된다고 말입니다. 머문다는 것은 소비가 아니라 관계를 의미하고, 관계는 곧 도시의 지속성을 뜻합니다.

연결의 끝에 사람이 남는 도시. 그 도시에서는 누군가가 떠난 자리를 또 다른 누군가가 채우는 것이 아니라, 함께 쌓아 올린 시간이 다음 세대를 맞이합니다. 성남이 지향해야 할 글로벌 시티의 모습도 바로 여기에 있다고 생각합니다. 더 많은 이음이 더 깊은 연결로 이어지는 도시. 그리고 그 연결의 중심에 언제나 사람이 있는 도시 말입니다.

17

좋은 도시란 무엇인가

글로벌 시티는 결국 사람을 위한 휴먼 시티

인류는 아주 오래전부터 도시를 형성해 왔습니다. 그런데 우리는 왜 계속 도시를 이야기하는 걸까요? 도시를 이야기하다 보면 종종 숫자에 기대게 됩니다. 인구 규모, 산업 집적도, 교통망의 길이, 예산의 크기 같은 것들입니다. 더 크게, 더 많이, 더 빠르게. 문제를 해결하기 위해 도시는 커져야 했고, 그 선택은 한동안 유효했습니다. 산업을 담기 위해 면적이 필요했고, 인구를 수용하기 위해 속도가 필요했기 때문입니다.

하지만 어느 순간부터 질문이 달라지기 시작했습니다. 도시는 충분히 커졌는데, 사람의 하루는 과연 나아졌는가.

기술은 앞서가는데, 삶은 왜 따라가지 못하는가. 이 질문 앞에서 세계의 도시들은 방향을 틀고 있습니다. 더 확장하는 대신, 다시 사람 쪽으로 돌아오는 흐름이 분명해졌습니다.

한때 도시의 미래를 설명하는 핵심어는 '스마트 시티'였습니다. 센서와 데이터, 알고리즘으로 도시를 효율화하는 비전은 매력적이었습니다. 교통 체증을 줄이고, 에너지를 절약하며, 행정을 빠르게 만드는 데 분명한 성과도 있었습니다. 그러나 시간이 지날수록 한계도 함께 드러났습니다. 도시가 아무리 똑똑해져도, 그 안에서 살아가는 사람이 편안해지지 않는다면 무엇을 위한 기술인가 하는 물음이었습니다.

그래서 최근 도시 담론의 중심에는 '휴먼 시티'라는 말이 다시 등장합니다. 기술을 부정하자는 이야기가 아닙니다. 기술의 목적을 분명히 하자는 이야기입니다. 도시는 효율을 극대화하기 위한 기계가 아니라, 사람이 살아가기 위한 공간이라는 아주 기본적인 전제로 돌아오자는 제안입니다. 스마트함은 수단이고, 삶의 질은 목적이라는 순서를 다시 세우자는 뜻입니다.

속도 역시 마찬가지입니다. 빠른 도시는 경쟁력이 있다고 여겨졌습니다. 이동이 빠르고, 결정이 빠르고, 변화에 민첩한 도시가 성공한다고 배웠습니다. 그러나 너무 빠른 도시는 사람에게 선택할 시간을 주지 않습니다. 걷는 대신 이동하고, 머무는 대신 통과하게 만듭니다. 그렇게 되면 도시는 편리해질지 몰라도, 살기 쉬워지지는 않습니다.

이 지점에서 세계의 도시들은 공통된 깨달음에 도달합니다. 도시가 너무 빨라질 때, 사람은 뒤처진다는 사실입니다. 뒤처진다는 것은 기술을 이해하지 못한다는 뜻이 아닙니다. 자신의 리듬을 잃는다는 의미에 가깝습니다. 하루를 계획할 여유, 동네를 인식할 시간, 관계를 유지할 간격이 사라지는 상태 말입니다. 도시는 성장했지만, 삶은 얇아지는 순간입니다.

그래서 요즘의 도시 정책은 속도를 조절하는 방향으로 움직이고 있습니다. 더 넓은 도로보다 걷기 좋은 길을, 더 높은 건물보다 머물 수 있는 공간을 고민합니다. 도시의 성과를 생산량이 아니라 체류 시간과 만족도로 측정하려는 시도도 늘고 있습니다. 이는 퇴보가 아니라 성숙에 가깝습니다. 도시가 스스로에게 던지는 질문의 수준이 달라졌기 때문입니다.

이 대목에서 저는 글로벌 시티 담론을 다시 정리할 필요가 있다고 느낍니다. 글로벌 시티는 더 큰 도시, 더 유명한 도시를 의미하지 않습니다. 더 많은 기능을 한데 묶은 도시를 뜻하지도 않습니다. 그보다는 잘 엮인 도시, 다시 말해 사람의 삶이 끊기지 않도록 설계된 도시를 가리키는 말에 가까워졌습니다. 행정 경계보다 생활권이 우선하고, 기술보다 사람이 먼저 고려되는 도시 말입니다.

> "도시는 문제를 해결하기 위해 커졌지만, 이제는 사람을 지키기 위해 멈출 줄도 알아야 한다."

이 문장은 더 이상 감상적인 문장이 아닙니다. 실제로 많은 도시들이 이 원칙을 정책의 기준으로 삼고 있습니다. 멈춘다는 것은 성장을 포기한다는 뜻이 아니라, 무엇을 위해 성장해야 하는지를 분명히 한다는 뜻입니다. 우리가 계속 도시를 이야기하는 이유는 단순합니다. 도시는 여전히 우리의 삶을 가장 크게 바꾸는 무대이기 때문입니다. 개인의 노력만으로 해결할 수 없는 문제들이 도시 안에 쌓여 있고, 동시에 개인의 선택이 모여 도시의 성격을 바꾸기도 합니다. 그래서 도시는 정책의 대상이면서, 동시에 삶의 거울입니다.

성남이 글로벌 시티로 도약하기 위해 해외 여러 도시 이야기를 해온 이유도 여기에 있습니다. 더 잘 살 수 있는 성남을 상상하기 위해서입니다. 산업과 기술, 연결과 확장은 모두 그 상상을 가능하게 하는 수단일 뿐입니다. 목적은 분명합니다. 이 도시에서 살아가는 사람들이 자신의 하루를 신뢰할 수 있는가, 그 질문에 "그렇다"고 답할 수 있는 도시를 만드는 일입니다.

좋은 도시는 무엇으로 기억되는가

도시를 평가하는 기준은 생각보다 쉽게 바뀝니다. 한동안 우리는 도시를 숫자로 기억해 왔습니다. 인구 몇 명, 기업 몇 곳, 매출 얼마, 교통망 몇 킬로미터. 이 수치들은 분명 도시의 성취를 설명해 주지만, 도시를 기억하게 만들지는 않습니다. 시간이 지나도 떠오르는 도시는 언제나 다른 이유로 남습니다. 그곳에서 보냈던 하루, 반복되던 동선, 사소하지만 잊히지 않는 장면들 때문입니다.

그래서 좋은 도시는 늘 질문의 방향이 다릅니다. 아침에 집을 나설 때 마음이 급해지지 않는지, 저녁에 돌아올 때 도시가 나를 밀어내지 않는지, 주말에 특별한 결심 없이도 나갈 곳이 있는지. 이런 질문에 자연스럽게 고개를 끄덕일 수 있다면, 그 도시는 이미 충분히 좋은 도시입니다.

세계의 도시들이 최근 다시 '일상'을 정책의 중심에 올려놓는 이유도 여기에 있습니다. 대규모 개발이나 상징적인 랜드마크보다, 반복되는 하루의 질이 도시의 인상을 결정한다는 사실을 깨달았기 때문입니다. 도로 하나를 놓더라도 얼마나 빠르게 통과시키느냐보다, 얼마나 안전하게 건너게 할 것인가를 고민합니다. 공원을 조성할 때도 면적보다 접근성을 먼저 따집니다. 좋은 도시는 늘 사소한 선택에서 성격이 드러납니다.

이 과정에서 중요한 기준 하나가 다시 부각됩니다. 바로 '기억에 남는 도시'입니다. 기억에 남는다는 것은 화려하다는 뜻이 아닙니다. 오히려 과하지 않아서, 일상에 스며들어서, 굳이 설명하지 않아도 몸이 먼저 반응하는 도시입니다. 걷다 보면 속도가 자연스럽게 느려지고, 머물러도 눈치 보지 않는 공간이 많은 도시 말입니다.

저는 이 지점에서 도시의 품격을 떠올립니다. 품격은 과시로 만들어지지 않습니다. 오래 사용할수록 불편하지 않은 구조, 다양한 사람이 각자의 방식으로 머물 수 있는 여백, 그리고 변화 앞에서도 일상을 지켜내는 안정감에서 생겨납니다. 이런 도시에서는 사람들의 표정이 크게 다르지 않습니다. 바쁘지만 지치지 않고, 분주하지만 날카롭지 않습니다.

좋은 도시는 또 하나의 공통점을 갖습니다. 도시가 사람에게 맞춰진다는 느낌을 줍니다. 규칙과 시스템이 사람을 압박하는 대신, 선택을 돕고 실수를 감싸는 구조를 갖고 있습니다. 아이에게는 조금 느린 길을 허용하고, 노년에게는 덜 긴 동선을 제공하며, 일하는 사람에게는 숨을 고를 공간을 남겨둡니다. 이런 배려는 특별한 복지가 아니라, 도시 설계의 기본값에 가깝습니다.

그래서 도시의 성공을 판단할 때, 저는 늘 이런 장면을 떠올립니다. 퇴근 후 일부러 멀리 가지 않아도 되는 저녁, 약속이 없어도 나갈 수 있는 주말, 혼자여도 어색하지 않은 공공 공간. 이런 장면들이 자연스럽게 이어지는 도시라면, 그곳은 이미 많은 것을 해낸 도시입니다.

이 관점에서 보면 글로벌 시티라는 말도 다시 읽히게 됩니다. 세계와 연결된다는 것은 외부의 시선을 끌어오는 일이 아니라, 내부의 삶을 단단히 만드는 일에 가깝습니다. 사람들이 자기 도시를 좋아하고, 남에게 설명하고 싶어 하고, 떠나도 다시 돌아오고 싶어 하는 도시. 그런 도시가 시간이 지나면 자연스럽게 세계와 만납니다.

좋은 도시는 그래서 결과가 아니라 과정의 총합입니다. 하루하루 쌓인 선택이 도시의 인상을 만들고, 그 인상이 다시 도시의 방향을 정합니다. 숫자는 바뀌어도 기억은 남고, 정책은 교체되어도 일상은 이어집니다. 결국 도시는 무엇을 가졌느냐보다, 어떤 하루를 반복하게 하느냐로 평가받게 됩니다.

성남은 왜 AI 정책의 전진기지가 될 수 있는가

좋은 도시는 화려한 구호로 기억되지 않습니다. 위기의 순간에 어떻게 작동했는지, 변화의 갈림길에서 어떤 선택을 했는지로 남습니다. 저는 성남이라는 도시가 앞으로 어떤 기준으로 기억될 것인지, 그리고 그 기준을 무엇으로 준비해야 하는지를 오래 고민해 왔습니다. 그 고민은 자연스럽게 하나의 질문으로 이어집니다. 기술의 시대를 맞은 지금, 인공지능이라는 변화 앞에서 성남은 어떤 태도를 취해야 하는가라는 질문입니다.

이재명 정부의 AI 정책은 기술 경쟁을 넘어 AI 주권, 즉 소버린 AI를 국가의 핵심 전략으로 삼고 있습니다. 데이터와 인프라, 인재와 제도를 외부에 의존하지 않고 스스로 설계할 수 있는 나라를 만들겠다는 방향입니다. 저는 이 비전이 중앙정부의 선언만으로 완성될 수는 없다고 생각합니다. 국가 전략은 언제나 도시에서 구현되어 왔고, AI 역시 도시의 일상 속에서 검증될 때 비로소 힘을 갖기 때문입니다. 그런 점에서 성남은 이 정책을 가장 먼저 실험할 수 있는 조건을 갖춘 도시입니다.

성남은 이미 한국을 대표하는 기술 도시입니다. 판교 테

하정우 AI 미래기획수석비서관과의 대화

하정우 AI 미래기획수석비서관님과 'AI 시티 성남'을 주제로 대화를 나눴습니다. 성남은 AI를 다양하게 활용할 수 있는 최적의 조건을 가진 도시입니다. 최첨단 기술을 바탕으로 상업과 일상생활까지 아우르며 전국적으로 확장할 수 있는 AI 선도 도시로서의 기능을 훌륭하게 해낼 것입니다.

크노밸리는 AI·플랫폼·콘텐츠 기업이 밀집한 산업 공간을 넘어, 기술이 실제 서비스로 구현되고 검증되는 실험의 장으로 기능해 왔습니다. 저는 AI 정책이 계획에 머무르지 않고 실제로 작동하기 시작할 때 성남의 가장 큰 자산이 될 것이라 판단합니다.

특히 앞으로 주목해야 할 방향은 피지컬 AI 시티(Physical AI City)입니다. AI가 화면 속에서 머무는 것이 아니라, 도시의 물리적 공간에서 직접 작동하는 단계로 나아가는 것입니다. 교통 흐름을 예측하고 스스로 조정하는 시스템, 에너지 사용을 학습해 효율을 높이는 도시 인프라, 안전·환경·시설 관리에 즉각 반응하는 AI 기반 운영 체계가 그 예입니다. 이는 단순한 스마트시티를 넘어, 도시 자체가 하나의 지능형 시스템으로 작동하는 모습입니다.

하정우 수석과 성남형 AI를 주제로 대화를 나눈 적이 있습니다. 무척 의미 있는 시간으로 기억합니다. 성남은 AI를 다양하게 활용할 수 있는 최적의 조건을 가진 도시입니다. 각 구의 특성에 맞게 특징 있는 AI 산업을 발전시킬 수 있습니다. 한국의 실리콘밸리 판교에는 최첨단 AI 기술을 연구하는 기업들이 포진해 있습니다. 판교에서 연구하고 개발한 기술을 중원구 하이테크밸리에서 빠르게 제조하고 실험할 수 있습니다. 청년층에게도 좋은 일자리를 제공할 것입니다. 분당구와 수정구에는 생활밀착형 AI 기술을 통해 편리한 삶이 되도록 지원할 수 있습니다. 최첨단 기술을 바탕으로 산업, 일상생활까지 아우르며 전국적으로 확산시킬 수 있는 AI 선도 도시로서의 기능을 훌륭하게 해내게 될 것입니다.

성남이 맡아야 할 역할은 분명합니다. 중앙정부의 AI 전략을 도시 차원에서 먼저 구현하고, 그 과정에서 축적된 성과와 한계를 다시 국가 정책으로 환류시키는 일입니다. 성남은 AI 정책의 실험실이자 조정자가 될 수 있습니다. 이는 새로운 도전이지만, 계획도시로 출발해 빠른 성장 속에서도 문제를 조정하며 발전해 온 성남의 역사와도 맞닿아 있습니다.

AI 시대의 도시는 더 이상 크기로 경쟁하지 않습니다. 얼마나 똑똑하게 작동하는지, 동시에 얼마나 인간적인 선택을 할 수 있는지가 기준이 됩니다. 저는 성남이 피지컬 AI 시티라는 새로운 도시 모델을 통해 그 기준을 가장 먼저 보여줄 수 있는 도시라고 믿습니다. 기술을 앞세운 도시가 아니라, 기술을 삶의 방향으로 다룰 줄 아는 도시. 성남의 미래는 그 지점에서 다시 그려질 수 있습니다.

결국, 도시는 사람의 얼굴을 닮아간다

도시를 오래 이야기하다 보면, 마지막에는 늘 같은 자리로 돌아오게 됩니다. 계획도, 전략도, 비전도 결국은 사람의 하루 앞에서 시험대에 오른다는 사실입니다. 아무리 그럴듯한 설계가 있어도, 그 안에서 살아가는 사람들이 자기 삶을 신뢰하지 못한다면 도시는 성공했다고 말하기 어렵습니다.

도시는 건물로 기억되지 않습니다. 그곳에서 보낸 시간으로 남습니다. 처음 아이의 손을 잡고 걸었던 길, 아무 생각 없이 벤치에 앉아 있던 오후, 바쁜 하루 끝에 숨을 고를 수 있었던 저녁 같은 순간들입니다. 그런 장면들이 쌓여 한 도시의 성격을 만들고, 사람들의 마음속에 도시의 이름을 남깁니다. 그래서 저는 도시의 미래를 이야기할 때, 늘 거창한 질문보다 이 질문을 먼저 떠올리게 됩니다.

"이 도시는 사람에게 어떤 하루를 돌려주는가."

이 질문은 정책보다 오래 남고, 구호보다 정직합니다. 답을 쉽게 꾸밀 수도 없습니다. 하루는 거짓말을 하지 않기 때문입니다. 좋은 도시는 사람을 수단으로 앞세우지 않습니다. 대신 사람을 기준으로 둡니다. 누군가를 특별히 배려한다고 말하지 않아도, 자연스럽게 모두가 불편하지 않은 구조를 만듭니다. 빠른 사람도, 느린 사람도 각자의 속도로 살아갈 수 있는 도시. 혼자여도 괜찮고, 함께여도 부담스럽지 않은 도시. 그런 도시는 애써 설명하지 않아도 몸이 먼저 알아봅니다. 도시에 관한 말 가운데 제가 오래 마음에 두고 있는 문장이 하나 있습니다.

"도시는 인간이 만든 가장 큰 공동 작품이다."

이 말이 인상적인 이유는, 도시가 결코 완성되지 않는 작품이기 때문입니다. 매일 살아가는 사람들이 조금씩 덧칠하고, 고치고, 때로는 지우며 만들어갑니다. 언제나 현재진행형입니다.

이 책에서 메가 시티를 이야기하고, 글로벌 시티를 상상한 이유도 결국 여기에 있습니다. 더 크고 더 빠른 도시를 만들기 위해서가 아니라, 더 오래 함께 살 수 있는 도시를 고민하기 위해서였습니다. 세계와 연결된다는 말도, 산업이 성장한다는 말도, 마지막에는 이 질문으로 돌아와야 합니다.

"이 변화가 사람의 삶을 더 아름답게 만드는가?"

성남은 이미 많은 선택을 해온 도시입니다. 쉽지 않은 출발을 견뎌왔고, 다른 방식의 성장을 동시에 경험해 왔습니다. 그 과정에서 이 도시는 한 가지 중요한 자산을 얻었습니다. 사람의 삶을 중심에 놓고 도시를 다시 생각할 수 있는 경험입니다. 이 경험은 어느 날 갑자기 생기지 않습니다. 시간과 시행착오, 그리고 시민들의 선택이 쌓여 만들어집니다.

좋은 도시는 완벽한 도시가 아닙니다. 모든 문제를 해결한 도시도 아닙니다. 다만, 그 안에서 살아가는 사람들이 내일을 조금 덜 불안해하고, 오늘을 조금 더 믿을 수 있는 도시입니다. 그런 신뢰가 쌓일 때, 도시는 비로소 세계와 만날 준비를 마칩니다.

도시의 크기는 숫자로 기록되지만, 도시의 품격은 사람의 마음에 남습니다. 마음에 오래 남는 도시라면, 그곳이 어디든 이미 좋은 도시겠지요. 좋은 도시는 멀리 있지 않습니다. 저는 우리 성남이 사람들의 삶 속에 조용히 자리 잡아 특별한 날이 아니라 평범한 날에 더 빛나는 도시, 시간이 지나도 오래 기억되는 도시, 다시 찾고 싶은 도시가 되기를 바랍니다.

차담(茶談)

미래 도시에 대한 담론

정치인 김병욱 × 도시문헌학자 김시덕

2025년 12월, 도시문헌학자 김시덕 박사님과 함께 성남의 여러 지역을 답사하고 '미래 도시'라는 주제로 대담을 나눴습니다. 다음 내용은 그날 우리가 나눴던 대담의 내용을 정리한 것입니다.

* **김시덕** 도시문헌학자. 고려대학교 일본연구센터 HK연구교수와 서울대학교 규장각한국학연구원 HK연구교수를 역임했다. 고려대학교 일어일문학과 학부와 석사과정을 거쳐 일본의 국립문헌학 연구소인 국문학연구자료원(총합연구대학원대학)에서 박사학위를 받았다. 2011년 제4회 일본고전문학학술상을, 2015년 제5회 석헌학술상을, 2021년 제70회 서울특별시 문화상(학술 부문)을 받았다. 주요 저서로 '한국 도시 아카이브 시리즈'를 비롯해 《우리는 어디서 살아야 하는가》, 《한국 도시의 미래》 등이 있다.

1970년에 작성된 성남 지역 지도

김시덕 박사님과 차담을 나누던 중 귀한 지도를 보게 되었습니다. 이 지도는 1970년 12월에 국립건설연구원이 작성한 성남 지역 25,000분의 1 지도로, 서울공항이 들어오기 전의 성남 서북부 지역 상황을 보여주고 있습니다.

도시는 어떻게 성장하는가

도시에 대해 이야기할 때 우리는 흔히 '성장'이라는 단어를 먼저 꺼낸다. 인구가 늘고, 산업이 들어서고, 집값이 오르고, 도로와 건물이 새로 놓이는 장면들. 그러나 조금만 시간을 늘려 놓고 도시를 바라보면, 성장과 함께 위기가 온다는 사실 또한 부정하기 어렵다. 계획되지 않은 이주, 급격한 인구 증가, 산업 구조의 변화, 경제 위기, 감염병, 기후 변화까지. 도시는 늘 예기치 못한 문제에 부딪히며 방향을 수정하며 새로운 모습으로 변화해 왔다. 도시는 어떻게 위기 속에서도 성장할 수 있는가? 정책을 설계하고 집행해 온 정치인 김병욱과, 도시의 시간을 기록해 온 도시문헌학자 김시덕이 이 질문 앞에 함께 앉았다. 한 사람은 위기 속에서 결정을 내려왔고, 다른 한 사람은 위기 이후에 남은 흔적을 읽어왔다. 서로 다른 입장에서 도시를 바라보는 두 사람의 이야기다.

김병욱 박사님을 만나 뵙고 성남이라는 도시를 다시 보게 되었습니다. 제가 이 도시에서 오래 살았다고 생각했는데, 새로운 사실도 알게 되었습니다.

김시덕 도시에 오래 산다고 해서 반드시 그 도시를 잘 아는 것은 아닐 겁니다. 대부분의 사람은 도시를 '생활의 무대'로 경험하지, '작동하는 시스템'으로 보지는 않으니까요. 오히려 행정가나 정치인이 도시를 다시 공부하려고 할 때 의미 있는 질문들이 나오죠.

김병욱 도시를 보다 보면 이런 생각이 듭니다. 평온한 시기에도 성장은 이루어지지만, 또 다른 성장은 위기 속에서 이뤄진다고 말입니다. 코로나19 때도 그랬고, 최근의 기후 재난이나 인구 문제도 마찬가지입니다. 위기가 오면 선택을 미룰 수 없게 되고, 그때야말로 "이 도시는 어떤 도시인가"가 드러나는 것 같습니다.

김시덕 역사적으로 봐도 그렇습니다. 우리가 이름을 기억하는 도시들은 대부분 위기의 기록과 함께 남아 있습니다. 전쟁, 역병, 대규모 이주처럼 기존 질서가 흔들릴 때 도시는 갑자기 역사의 전면으로 등장합니다. 흥미로운 점은, 그 순간 도시가 '새로 생겨난다'기보다 그동안 숨겨져 있던 민낯이 노출된다는 사실입니다.

김병욱 정책을 운영하는 입장에서는 그 민낯이 부담스럽습니다. 위기 상황에서는 시민의 요구가 한꺼번에 쏟아지고, 예산은 한정돼 있고, 이해관계는 더 날카로워집니다. 그런데 돌이켜보면, 아무 일도 없었다면 수십 년 동안 손대지 않았을 문제들이 위기 덕분에 수면 위로 올라오기도 합니다.

김시덕 맞습니다. 평소에는 '원래 그런 것'으로 넘어가던 구조가 위기 앞에서 갑자기 질문의 대상이 됩니다. 왜 이 동네는 병원이 부족한가, 왜 이 교통망은 특정 시간대에 붕괴되는가, 왜 어떤 계층은 위기에 더 취약한가. 위기는 도시에 질문을 던지고, 도시는 그 질문을 피할 수 없게 됩니다. 그래서 저는 위기를 도시의 실패라기보다, 도시가 자기 자신에게 질문을 던지는 순간이라고 봅니다.

김병욱 문제는 그 질문에 어떻게 답하느냐인 것 같습니다. 실제 행정에서는 모든 문제를 해결할 수 없다는 사실을 인정해야 하는 순간이 옵니다. 그래서 결국 어떤 문제를 줄이고, 어떤 문제를 감수할 것인지 선택하게 됩니다. 위기 속에서는 그 선택의 기준이 훨씬 선명해집니다.

김시덕 그리고 그 기준이 바로 도시의 성격을 만들어가는 것이겠지요. 같은 위기를 겪어도 어떤 도시는 회복하고, 어떤 도시는 쇠퇴합니다. 차이는 기술이나 자본의 크기보다는, 위기 이후 무엇을 고치고 무엇을 그대로 두었는지에 있습니다. 위기를 계기로 스스로를 조정한 도시는 살아남고, 기존 방식에 집착한 도시는 점점 힘을 잃습니다.

김병욱 정치인으로서 가장 어려운 지점도 거기입니다. 위기가 오면 '전면적인 변화'를 요구받습니다. 하지만 모든 것을 바꾸는 것이 항상 옳지는 않습니다. 잘 작동하던 시스템까지 함께 무너뜨릴 위험이 있기 때문입니다. 바꿔야 할 것과 지켜야 할 것을 구분하는 일이 가장 어렵습니다. 사람들은 되도록 안정적인 상태를 원하는데 안정이 항상 좋은 걸까요?

김시덕 양날의 칼 같은 게 아닐까 싶습니다. 중요한 것은 흔들리지 않는 도시가 아니라, 흔들린 뒤 다시 균형을 찾을 수 있는 도시입니다. 위기를 겪지 않는 도시보다 회복력이 높은 도시가 더 안정적인 도시겠죠.

김병욱 어떤 문제도 발생하지 않게 하는 것보다 문제가 발생했을 때 얼마나 빨리 회복할 수 있는 구조를 갖추었는지가 더 중요해진 것 같습니다. 감염병이나 기후 위기처럼 행정이 완전히 통제할 수 없는 변수들이 늘어났기 때문입니다.

김시덕 도시의 조건 자체가 바뀐 것이겠죠. 예전 도시는 예측 가능한 위험을 관리하는 공간이었다면, 앞으로의 도시는 예측 불가능한 위험과 함께 살아가는 공간이 될 가능성이 큽니다. 그런 상황에서 도시의 힘은 완벽한 설계에서 나오지 않습니다. 수정 가능한 설계, 다시 말해 고쳐 나갈 수 있는 여지를 남겨둔 구조에서 나옵니다.

김병욱 그 말은 정책에도 그대로 적용됩니다. 한 번 정한 정책을 끝까지 밀어붙이는 것이 능력이 아니라, 상황이 달라지면 조정할 수 있는 용기를 갖는 것이 중요해졌습니다. 위기 속에서는 고집이 미덕이 아닌 경우가 많아졌습니다.

김시덕 성공한 도시들의 공통점이 있다면, 불완전한 결정을 인정할 줄 알았다는 점입니다. 반대로 실패한 도시들은 대개 자신들의 방식이 옳다고 믿은 채, 변화의 신호를 무시했습니다. 위기 속에서 살아남은 도시는 다른 길이 있음을 인정한 도시였습니다.

김병욱 그래서 저는 미래 도시를 이렇게 정의하고 싶습니다. 위기를 없애겠다고 약속하는 도시가 아니라, 위기를 함께 통과하겠다고 말할 수 있는 도시입니다. 행정도 모든 문제를 해결해 주겠다고 말하기보다, 시민과 함께 버틸 수 있는 구조를 만들겠다고 말해야 한다고 생각합니다. 위기는 앞으로도 계속 올 테니까요.

김시덕 도시는 늘 위기 속에서 성장해 왔고, 앞으로도 그럴 겁니다. 중요한 것은 그 위기를 상처로 남길 것인가, 아니면 성장의 발판으로 만들 것인가의 문제겠지요.

김병욱 말씀을 듣다 보니, 위기가 단순히 버티는 시험대가 아니라 도시의 구조를 바꾸는 계기가 될 수도 있겠다는 생각이 듭니다. 실제로 위기를 계기로 더 단단해진 도시의 사례가 있을까요?

김시덕 가장 자주 언급되는 사례 중 하나는 뉴욕입니다. 두 번의 대공황이라는 위기를 잘 이겨냈지만 1970년대 경제 위기로 뉴욕시는 사실상 파산 직전까지 갔습니다. 범죄율은 치솟고,

중산층은 빠져나갔으며, 공공서비스는 붕괴 직전이었죠. 당시에는 '뉴욕은 끝났다'라는 말이 공공연하게 돌았습니다. 그런데 그 위기가 계기가 되어 도시의 재정 구조와 행정 방식이 근본적으로 재편됩니다. 무분별한 확장을 멈추고, 핵심 기능에 집중하는 방향으로 도시가 다시 설계됐습니다. 오늘날 우리가 알고 있는 뉴욕의 경쟁력은 바로 그 위기를 이겨낸 과정에서 만들어진 것입니다.

김병욱 위기가 도시의 체질을 바꾼 사례군요. 단기 처방이 아니라 구조 자체를 다시 짠 결과라고 볼 수 있겠습니다.

김시덕 흥미로운 사례를 멀리 해외에서 찾을 필요는 없겠네요. 우리에게도 '한강의 기적'이 있으니까요. 지금은 고속 성장의 상징처럼 이야기되지만, 그 출발점은 분명한 위기였습니다. 전쟁으로 산업 기반이 거의 사라진 상태, 절대적인 자원 부족, 인구 급증과 실업 문제까지 겹친 상황이었죠. 정상적인 조건에서는 산업화를 선택하기 어려운 상태였습니다.

김병욱 지금의 시선으로 보면 기적처럼 보이지만, 당시에는 선택지가 많지 않았던 시기였지요.

김시덕 맞습니다. 한강의 기적은 여유 속에서 설계된 성장 모델이 아니라, 생존을 위한 구조 전환이었습니다. 농업 중심 사회에서 산업 중심 사회로 급격히 이동하지 않으면 버틸 수 없는 상황이었고, 그 선택은 도시의 모습까지 근본적으로 바꿨습니다. 서울과 수도권에 공장과 인구가 집중되고, 주거와 산업, 교통이 동시에 재편되었습니다. 위기가 아니었다면 그렇게 빠른 속도의 전환은 불가능했을 겁니다.

김병욱 그 과정에서 도시가 감당해야 했던 부작용도 분명히 존재했습니다. 환경 오염, 주거 불균형, 과밀 문제 같은 것들이 지금까지도 남아 있고요.

김시덕 그렇습니다. 다만, 당시의 위기가 도시와 국가로 하여금 질문을 바꾸게 했다는 것입니다. "어떻게 더 잘 살 것인가"에 대한 질문이 산업 구조와 도시 구조를 동시에 흔들었으니까요.

김병욱 위기를 기회로 만들고, 위기를 통과하는 과정에서 새로운 체질을 갖게 된 셈이군요.

김시덕 정확합니다. 그리고 지금 우리가 다시 마주한 위기들—

저성장, 인구 감소, 기후 위기—역시 성격은 다르지만 같은 질문을 던지고 있습니다. 예전의 성장 방식으로 돌아갈 수 없다는 점에서, 지금의 위기는 또 다른 전환의 출발점일 수 있습니다.

김병욱 그래서 저는 한강의 기적을 무작정 반복하자는 이야기가 위험하다고 생각합니다. 당시의 방식은 그 시대의 위기에 맞는 해법이었지, 지금의 해답은 아닐 수 있으니까요. 게다가 서울과 성남의 상황이 다른 것처럼 도시마다 해법이 다르다고 생각합니다. 중요한 건 위기 앞에서 질문을 바꿀 수 있는 용기, 시대정신에 맞는 행동, 그리고 좋은 정책으로 풀어낼 수 있는 능력이라고 봅니다.

김시덕 성남도 위기를 기회로 만든 도시 중 하나라고 생각합니다. 광주대단지 시절의 성남을 생각하면 지금은 놀라운 변화를 이뤄냈습니다. 위기를 기회로 만들어본 경험이 있기에 성남은 강한 도시입니다. 미래의 성남 역시 마찬가지입니다. 설령 어떤 위기가 찾아오든 새로운 설계도를 반드시 찾을 겁니다.

김병욱 위기는 도시에 "지금까지 잘해 온 방식이 더 이상 통하지 않는다"라는 신호를 주는 것 같습니다. 그 신호를 부정하면 쇠퇴로 가고, 받아들이면 전환으로 갑니다. 일본 고베는 1995년 대지진 이후, 단순한 복구를 넘어서 방재·복지·커뮤니티 중심 도시로 방향을 틀지 않았습니까? 결과적으로 고베는 '재난에 강한 도시'라는 새로운 정체성을 얻게 되었습니다. 그렇다면 위기를 기회로 만드는 도시의 조건은 분명해 보입니다. 위기를 부정하지 않을 것, 불완전한 결정을 인정할 것, 그리고 시민에게 솔직할 것. 행정이 모든 답을 갖고 있다고 말하지 않는 태도 말입니다.

김시덕 도시는 위기를 통해 시험을 받습니다. 하지만 그 시험은 합격과 불합격을 가르는 시험이 아니라, 어떤 도시로 남을 것인가를 선택하는 과정에 가깝습니다. 위기는 고통스럽지만, 동시에 도시가 성장할 수 있는 기회이기도 합니다.

기술은 도시를 어떻게 바꾸는가

미래 도시를 떠올릴 때 가장 먼저 떠오르는 장면은 대개 비슷하다. 버튼 하나로 해결되는 행정, 기다릴 필요 없는 교통, 데이터로 관리되는 안전한 거리, 스마트폰 하나로 모든 생활이 연결된 도시. '편리함'은 미래 도시를 상징하는 가장 직관적인 단어다. 그러나 동시에 이런 질문도 따라온다. 기술이 앞서갈수록 도시는 더 살기 좋아질까, 아니면 조금씩 낯설어질까. 이 질문은 기술에 대한 불신에서 비롯된 것이 아니다. 오히려 기술이 도시를 더 잘 작동하게 만들 수 있다는 기대에서 출발한다. 다만 그 과정에서 도시가 놓치지 말아야 할 것이 무엇인지, 그리고 행정은 기술을 어디까지, 어떤 태도로 활용해야 하는지를 함께 점검해 보고자 한다. 기술의 속도를 경계하기보다, 기술이 도시와 어떻게 조화를 이룰 수 있는지를 탐색하는 자리다.

김병욱 요즘은 위기 자체도 기술로 감지하고, 대응도 기술로 하게 됩니다. 그런데 기술이 도시를 바꾼다는 말은 너무 흔해서, 저는 오히려 더 구체적으로 묻고 싶습니다. 박사님이 보시기에 기술은 도시에 어떤 영향을 미칠까요?

김시덕 기술은 가치 중립적일 수 있지만, 어떤 데이터를 중요하게 여기느냐에 따라 미치는 영향도 달라진다고 생각합니다. 예를 들어 한 도시에서 집값만 측정하면 공급량과 거래 속도를 중심으로 움직입니다. 하지만 통근 시간, 돌봄 이동 거리, 노인의 일상 반경 같은 데이터를 보기 시작하면, 얼마나 짓느냐와 함께 어떤 삶이 가능한 주거를 놓을 것인가가 행정의 핵심으로 떠오릅니다. 기술이 도시를 바꾼다는 말의 실제 의미는 바로 거기에 있다고 생각합니다. 저는 크게 보면 이동, 정책, 공간의 가치를 바꾼다고 생각합니다.

김병욱 이동의 변화부터 짚어주시면 좋겠습니다. 일상에서 기술을 가장 피부로 느끼는 부분이 교통이니까요.

김시덕 교통 기술의 핵심은 '길을 넓히는 것'에서 '흐름을 조정하는 것'으로 이동하고 있습니다. 서울의 TOPIS가 좋은 예입니다. 서울은 1998년에 지능형 교통 시스템을 도입했고, 이후 통합 교통관리센터로 TOPIS가 2004년에 설치·운영되었습니다. 이 시스템이 의미 있는 이유는 단순히 교통정보를 보여줘서가 아니라, 도시가 교통을 '실시간 운영 대상'으로 보기 시작했다는 점입니다. 즉, 도시는 길을 '시설'로만 보지 않고 '운영'으로 보게 됩니다. 운영의 관점이 들어오면, 정책은 확장됩니다. 버스 배차, 신호 체계, 사고 대응, 대중교통 환승까지 하나의 체계로 묶이기 시작하거든요.

김병욱 교통 기술이 고도화될수록 편리해지는 것은 틀림없는 사실입니다. 그런데 저희가 생각하지 못하는 불편함도 있을까요?

김시덕 기술은 항상 질문을 동반합니다. 누가 데이터를 갖는가, 누가 결정하는가, 누가 배제되는가에 대한 문제죠. 싱가포르의 전자 혼잡 통행료(ERP)도 대표 사례입니다. 싱가포르 교통부는 ERP가 1998년에 설치되었고(도입), 혼잡 관리를 위한 정책 수단이라고 설명합니다. 이 제도는 교통 혼잡을 '가격 신호로 수요를 조절하는' 방식으로 다룹니다. 도시가 기술을 통해 차량 흐름을 통제할 수 있게 된 것이죠. 하지만 동시에 이런 시스템은 시민에게 묻습니다. 혼잡을 줄이는 비용을 누가 더 많이 내는가, 사회적 합의가 충분한가 하는 문제입니다.

김병욱 결국 기술은 정책의 힘을 키우기도 하고, 동시에 더 세심하게 정책을 운영해야 할 이유를 만들기도 하네요. 그렇다면 두 번째 층위, 정책의 변화는 어떻습니까?

김시덕 시민들의 편리함이죠. 전에는 시민이 행정기관을 찾아가 줄을 서서 '증명'을 받아야 했습니다. 이제는 도시가 시민의 시간을 덜 쓰게 만드는 방향으로 옮겨가고 있죠. 에스토니아의 X-Road가 상징적입니다. X-Road는 정부·민간 데이터베이스 간 안전한 연계를 목표로 하는 데이터 교환 계층인데, 공식 프로젝트 기록에 따르면 에스토니아에서 X-Road의 국가적 배포가 2001년 12월 17일에 시작됐다고 정리되어 있습니다. 이 시스템이 던진 메시지는 단순합니다. "시민이 서류를 들고 다니게 하지 말고, 행정이 책임 있게 연결하라." 기술이 정책을 바꾼 사례라고 볼 수 있죠. 이 사례에 주목하는 이유가 또 하나 있습니다. 기술력과 함께 시민이 자신의 정보가 언데 어디에서 어떤 목적으로 사용되었는지 직접 확인할 수 있도록 한 투명성에 있습니다. 효율보다 신뢰를 앞세운 데이터 행정을 국가의 기본 시스템으로 정착시켰기에 중요하다고 생각합니다.

김병욱 최근 기업의 정보 유출 사건이 많아졌습니다. 이미 기술이 삶 깊숙한 곳에 뿌리를 내린 이상, 신뢰와 투명성은 점점 더 중요한 가치가 될 거라고 생각합니다. 이동과 행정에서 기술의 변화를 이야기해 주셨는데, 시민들이 체감하는 변화 중 하나는 결국 '공간'인 것 같습니다. 같은 거리, 같은 도로인데도 기술이 들어오면 전혀 다른 장소처럼 느껴질 때가 있거든요. 세 번째 층위, 공간의 가치 변화가 궁금합니다. 기술이 들어오면 공간이 어떻게 달라집니까?

김시덕 디지털 기술이 도시 공간을 바꾸는 방식은 물리적 재개발과 다릅니다. 건물을 허물지 않아도, 공간의 쓰임새와 의미가 달라집니다. 기술은 이미 우리 삶에 들어와 있습니다. 길가에 나가서 택시를 잡는 일이 드뭅니다. 앱으로 출발지와 목적지를 입력하고 바로 집 앞에서 탈 수 있죠. 디지털 기술이 공간을 직접 바꾸지 않더라도, 공간에 대한 선택을 바꾸는 것입니다. 차를 소유하지 않아도 이동이 가능해지면, 주거지에서 주차장이 차지하던 비중이 줄어들고, 그 자리에 다른 기능이 들어올 수 있습니다. 이는 도시의 밀도, 상업 구조, 보행 환경까지 연쇄적으로 영향을 미칩니다.

김병욱 이런 변화는 굉장히 중요합니다. 도로를 넓히지 않아도 혼잡이 완화되고, 시민의 시간이 절약되니까요. 결국 공간의 가치는 면적이 아니라, 시간과 경험으로 재정의되는 것 같습니다.

김시덕 정확한 표현입니다. 디지털 기술이 바꾸는 것은 공간의 크기가 아니라 공간에 머무는 방식입니다. 같은 광장이라도, 실시간 정보·연결성·접근성이 결합되면 전혀 다른 장소가 됩니다. 그래서 미래 도시에서 공간 정책은 토목보다 플랫폼 사고에 더 가까워질 가능성이 큽니다.

김병욱 그렇다면 행정은 기술을 도입할 때 어떤 점을 주의 깊게 관찰해야 할까요?

김시덕 기술이 공간을 지나치게 '효율적으로'만 만들려고 하는 점입니다. 효율은 높아질 수 있지만, 배제도 함께 커질 수 있습니다. 앱을 쓰지 못하는 사람, 데이터에 잡히지 않는 생활, 예외적인 이동은 시스템 밖으로 밀려나기 쉽습니다. 그래서 디지털 공간 정책의 핵심은 기술 그 자체가 아니라, 누구까지 포용하는가에 있습니다.

김병욱 결국 기술은 공간을 새로 구축하는 도구이면서 동시에 공간을 다시 해석하는 일이기도 하네요. 이것을 어떤 정책으로 어떻게 풀어가야 할지 생각을 많이 해보겠습니다.

미래 도시는 무엇으로 사는가

도시는 어느 순간 완성되는 대상이 아니다. 사람들의 반복된 일상과 선택이 겹치며 서서히 형성된다. 우리가 오가는 길과 하루의 리듬은 도시의 성격이 되고, 그 성격은 다시 삶의 배경으로 작동한다. 좋은 도시는 거창한 비전보다 생활의 감각으로 이해된다. 미래 도시는 모든 문제를 해결하는 도시가 아닐 것이다. 대신 문제가 생겼을 때 어떤 태도를 보였는지, 누구의 시간을 먼저 고려했는지, 실패를 개인의 책임으로만 돌리지 않고, 다시 시작할 수 있는 여지를 남겼는지를 기억할 것이다. 정치와 정책은 바뀌지만 도시는 남는다. 그래서 도시를 다룬다는 것은 성과를 정리하는 일이 아니라, 사람의 시간을 어떤 기준으로 받아들일지를 결정하는 일에 가깝다. 자신만의 가치를 갖고 있는 도시라면, 충분히 살고 싶은 공간으로 선택받을 것이다.

김병욱 정책을 만들고 운영하다 보면 늘 이런 질문을 받습니다. "이제 무엇을 더 만들어야 합니까." 도로, 주택, 산업, 제도 같은 것들이죠. 그런데 시간이 갈수록 그런 생각이 들더군요. 도시는 과연 계속 무언가를 더 만들어야만 살아가는 존재인가, 아니면 이미 가진 어떤 힘으로 유지되는 건 아닐까 하는 질문 말입니다.

김시덕 역사적으로 보면, 특정 자원 하나로 오래 버틴 도시는 거의 없습니다. 산업은 쇠퇴하고, 인구는 이동하며, 제도는 계속 바뀌죠. 그런데도 살아남은 도시들을 보면 공통점이 있습니다. 위기 때마다 "이 도시는 쉽게 사람을 버리지 않는다"라는 인식이 축적돼 있었다는 점입니다. 저는 그걸 도시의 신뢰라고 부릅니다.

김병욱 신뢰라는 말이 행정을 하는 입장에서는 굉장히 크게 다가옵니다. 코로나 시기를 떠올려 봐도 그렇습니다. 완벽한 정책이 아니라도, "이건 우리를 위한 판단일 것"이라는 믿음이 있을 때 정책이 작동하더군요.

김시덕 맞습니다. 실제로 20세기 이후 대도시들이 겪은 재난과 경제 위기를 보면, 회복의 속도를 가른 건 물적 조건보다 태도였습니다. 예컨대 산업 전환기에 과감한 구조조정을 겪었던 유럽의 일부 도시들은 단기적으로는 큰 상처를 입었지만, 주거·복지·교육의 기본을 끝까지 지키면서 한층 나아가는 모습을 보였죠.

김병욱 그래서 미래 도시를 이야기할수록 정치의 역할을 다시 생각하게 됩니다. 정치는 늘 변화를 약속하지만, 도시의 시간은 정치 임기보다 훨씬 깁니다. 대규모 개발이나 도시 정비처럼 큰 일일수록 단기 성과에 쫓겨 보여주기식 정책은 하지 말아야겠다고 생각합니다. 저는 도시 정책이 외과수술처럼 응급상황이 필요한 경우도 있고 재활치료처럼 길게 보고 가야 하는 부분도 있다고 생각합니다. 급하게 고치기보다, 오래 쓰게 만들어야죠. 그래서 요즘은 스스로에게 "무엇을 더 했는가?"도 물어보지만, "어떤 선을 넘지 않았는가?"도 물어봅니다. 당장의 민원을 잠재우려고 누군가의 삶을 밀어내지는 않았는지, 갈등을 힘으로 덮어버리지는 않았는지 말입니다.

김시덕 약자를 밀어내지 않았는지, 불편을 특정 집단에만 떠넘기지 않았는지, 시민의 시간을 무심하게 소모시키지 않았는지 같은 기준들을 섬세하게 보는 시각이 필요하죠. 이런 기준은 보고서에는 잘 남지 않지만, 시민의 기억에는 오래 남습니다. 그리고 그 기억이 쌓여 도시의 신뢰가 됩니다.

도시문헌학자 김시덕 박사와의 차담

성남의 여러 곳을 답사한 후 도시문헌학자 김시덕 박사님과 차담을 나누었습니다. 성남의 미래, 글로벌 도시의 공통점 등 다양한 주제로 대화하는 시간이었습니다.

김병욱 앞으로의 도시는 지금보다 훨씬 더 많은 선택의 기로에 서게 될 겁니다. 기술은 빠르고, 정책 환경은 유동적이며, 시민의 요구는 점점 다양해질 테니까요. 그럴수록 정책이 의지할 수 있는 건 일관된 기준일 것이라는 생각이 듭니다.

김시덕 산업이 바뀌고, 세대가 교체돼도 "이 도시는 이런 방식으로 운영된다"라는 공통 인식이 유지되는 것 같습니다. 그 인식이 도시를 하나의 공동체로 묶고, 도시의 서사가 생기는 것이죠.

김병욱 말씀을 듣다 보니, 미래 도시의 핵심 자산은 눈에 보이지 않는 인프라라는 생각이 듭니다. 신뢰와 공정성, 투명성, 공정함 같은 가치 말입니다.

김시덕 신뢰는 가장 강력한 인프라이자, 가장 복구하기 어려운 자산입니다. 도로는 무너져도 다시 놓을 수 있지만, 신뢰가 무너지면 도시는 오랫동안 방황합니다. 반대로 신뢰가 남아 있으면, 도시는 여러 번 다시 일어설 수 있습니다.

김병욱 그래서 미래 도시를 준비한다는 건, 사실 미래의 시민에게 어떤 태도를 남길 것인가의 문제라고 생각합니다. 이 도시는 극단적인 선택을 하지 않을 것이라는 믿음, 위기의 순간에도 최소한의 기준은 지킬 것이라는 믿음 말입니다.

김시덕 저도 같은 생각입니다. 신뢰를 잃지 않는 도시가 시간이 지나도 사람들에게 선택받을 것입니다.

김병욱 오늘 대담을 통해 도시를 다시 배우는 시간이었습니다. 정책과 제도의 언어로만 보던 도시가 아니라, 시간과 기억, 선택의 축적으로 존재하는 도시를 생각하게 되었습니다.

김시덕 정치 현장에서 도시를 고민해 온 분과 이렇게 차분하게 이야기를 나눌 수 있어 뜻깊었습니다. 도시는 학문만으로도, 정치만으로도 설명되지 않는 존재라고 생각합니다. 이런 대화들이 쌓일 때, 의미 있는 방향을 찾을 수 있겠죠. 초대해 주셔서 감사합니다.

김병욱 미래 도시에 대한 대담 속에서 성남이 어느 방향으로 가야 하는지 생각하는 시간을 가졌다는 점에서도 오늘의 차담은 의미가 컸습니다. 바쁜 일정 속에서도 깊은 통찰을 나눠 주셔서 감사합니다. 또 뵙겠습니다.

행담(行談)

걷는 사람 김병욱

현장에서 배우고 행동으로 실천하다

제 삶의 자리는 언제나 현장이었습니다. 책상 위에서 세상을 재단하기보다, 골목과 시장, 일터와 사람들 사이에서 답을 찾고자 했습니다. 생각은 머무를 때보다 움직일 때 힘을 갖는다고 믿었고, 말은 행동으로 옮겨질 때 비로소 책임을 가진다고 여겼습니다. 이 글은 완성된 결과를 자랑하기 위한 기록이 아니라, 걸으며 배우고 부딪히며 선택해 온 시간의 흔적입니다. 그렇게 축적된 실천의 경험은 지금의 저를 만들었고, 앞으로도 저를 다시 현장으로 이끌 것입니다.

분당중앙공원 분당천 징검다리 위에서

다리를 놓아 이쪽과 저쪽을 연결하듯 성남의 변화를 위해 부지런히 발로 뛰겠습니다.

1

시대의 부름

나의 어린 시절

지리산 동쪽 자락, 경상남도 산청군 생초면. 산이 푸르고 물이 맑아 오래전부터 '약초 고을'로 불리던 그곳이 제 고향입니다. '생초(生草)'라는 이름처럼, 마을에는 지금도 은은한 약초 향이 배어 있는 듯합니다. 저는 그곳에서 2남 1녀 중 장남으로 태어났습니다. 다섯 살 무렵 부산으로 이주했지만, 제 기억 속 부산은 설레거나 낯선 도시라기보다 산청의 연장선에 가까웠습니다. 집과 학교를 오가는 단조로운 일상이 전부였고, 도시가 주는 풍요나 선택지는 제 삶과는 거리가 있었습니다.

집안 형편은 넉넉하지 않았습니다. 친구들이 태권도학원이나 주산학원에 다닐 때, 저는 방과 후에 갈 곳이 없었습니다. 특별히 불만을 품을 형편도 아니었습니다. 그저 그렇게 살아가는 것이 당연하다고 여겼고, 부모님께 부담을 드리지 않는 것이 아이로서 할 수 있는 최선이라고 생각했습니다.

그 시절 가장 마음을 무겁게 했던 일은 선생님의 가정방문이었습니다. 지금에야 상상하기 어려운 풍경이지만, 당시에는 가정방문 때 촌지를 드리는 것이 암묵적인 관행처럼 여겨지던 때였습니다. 부모님께서 혹여 없는 살림에 무리하실까 걱정이 되어, 저는 가정방문 이야기가 나올 때마다 이런저런 핑계를 대며 피해 다녔습니다. 어린 마음에도 '아들 때문에 부담을 더 얹고 싶지 않다'라는 생각이 먼저 들었습니다.

지금의 제 모습을 떠올리면, 당시 친구들은 아마 적잖이 놀랄 것입니다. 학창 시절의 저는 정치와는 거리가 먼 아이였습니다. 학교 임원은커녕 학급 임원 제의조차 늘 사양하곤 했습니다. 고등학교 1학년 때 맡았던 부반장이 제 학창 시절의 유일한 '직책'이었습니다. 학급 임원을 맡으면 환경미화 때 작은 화분이라도 준비해야 했고, 소풍 날에는 선생님 도시락을 챙겨야 하는 일이 부담스러웠습니다. 그 부담이 결국 부모님께로 돌아갈 것 같았기 때문입니다.

부모님의 마음에 짐을 얹지 않으려 애쓰던 장남. 특별히 꿈이 많지도, 앞에 나서는 성격도 아니었던 아이. 그 아이가 훗날 정치라는 길에 서게 되리라고는, 그때의 저 자신도 짐작하지 못했습니다. 다만 그 시절의 조심스러움과 망설임, 그리고 책임감은 시간이 흐른 지금까지도 제 삶의 태도로 남아 있습니다.

현실적 조건과 시대가 던지는 질문 사이에서

가난한 집의 장남으로서 제가 선택할 수 있었던 길은 많지 않았습니다. 공부에 매달리는 것, 그것이 가족을 위해 제가 할 수 있는 거의 유일한 일이었습니다. 학력고사 점수가 발표되고 진로를 결정해야 할 시점에, 제 인생에서 처음으로 무게 있는 선택 앞에 서게 되었습니다. 성적만 놓고 보자면 이른바 SKY 진학도 가능해 보였지만, 저는 4년 전액 장학금 조건으로 한양대학교 법학과를 택했습니다. 법학도가 되어 판사나 검사가 된다면, 집안을 다시 일으킬 수 있을 것이라는 책임감이 그 선택을 밀어주었습니다.

그러나 1984년, 대학에 입학한 저를 기다리고 있던 것은 개인의 계획만으로는 외면할 수 없는 시대의 현실이었습니다. 캠퍼스 곳곳에서 민주화를 요구하는 선배들의 구호가 울려 퍼졌고, 광주에서 벌어진 국가 폭력의 기억은 여전히 현재진행형이었습니다. 장학금을 유지하려면 반드시 B학점 이상을 받아야 한다는 현실적 조건과, 시대가 던지는 질문 사이에서 마음은 점점 갈라지기 시작했습니다. 머리는 계산을 요구했지만, 가슴은 좀처럼 가라앉지 않았습니다. 결국 저는 학내집회에 참여했고, 나아가 집회를 주도하는 위치에까지 이르게 되었습니다.

3학년 2학기 어느 날, 부산에 계신 부모님께서 급히 전화를 주셨습니다. 법대 학장께서 제가 학생 시위를 선동하는 장면이 담긴 사진을 부모님께 직접 보내셨다는 것이었습니다. 어려운 형편 속에서 큰아들 하나를 의지하며 살아오신 부모님께 그 일은 큰 충격이었고, 전화기 너머로 들려오는 부모님의 목소리는 울음으로 가득했습니다. 그날 이후 저는 더 이상 제 선택을 제 문제로만 둘 수 없게 되었습니다. 부모님의 설득 끝에 고시반에 입소해 다시 학업에 전념하기로 했습니다.

그러던 어느 날, 평소처럼 고시반에서 공부하다가 문득 '오늘이 며칠이지?'라는 생각에 달력을 봤습니다. 그런데 세상에! 4월 19일이었습니다. 다른 날이라면 몰라도 오늘 같은 날 책상 앞에 있다니, 그럴 수는 없다고 생각했습니다. 같이 공부하던 후배들 몇몇과 수유리 4·19 묘지 탑을 찾아 참배를

했습니다. 여기까진 별일 없었습니다. 그런데 참배를 마치고 돌아서던 순간, 최루탄과 지랄탄이 동시에 터지며 묘지 일대는 순식간에 아수라장이 되었습니다. 도망칠 길이 막힌 골목에서 경찰의 곤봉을 맞으며 유치장으로 끌려갔고, 이후 고시반 담당 교수님께서 경찰서로 오셔서 우리를 데려가 주셨지만, 그 사건으로 저는 고시반에서 퇴반당했습니다.

부모님을 또다시 실망시킬 수 없다는 생각에, 저는 이곳저곳을 전전하며 공부를 이어가려 애썼습니다. 하지만 시대는 더 이상 외면할 수 없는 방향으로 흘러가고 있었습니다. 박종철 군 고문치사 사건의 진상이 밝혀졌고, 연세대학교에서 이한열 군이 경찰의 최루탄에 맞아 숨지는 참극이 벌어졌습니다. 도서관에 앉아 공부에 집중하려고 해도 제 귀에는 "호헌철폐, 독재타도!"가 매일 환청처럼 들렸습니다. 끈질기면서도 명징한 소리였습니다. 온 거리와 캠퍼스를 뒤덮던 소리도 "호헌철폐, 독재타도"였습니다. 더 이상 고시 공부만 붙들고 있을 수 없었습니다. 내 안에서 밖을 향해 터져 나온 "호헌철폐, 독재타도"가 거리를 뒤흔들던 거대한 함성과 만났습니다. 그리고 드디어 우리 손으로 대통령을 직접 뽑는 6월 항쟁을 쟁취하였습니다. 이후 학교에서는 '법사회연구회'를 만들어 활동했습니다.

1987년 6월, 민주항쟁의 승리는 그렇게 제 대학 생활의 끝자락에 놓여 있었습니다. 개인의 안위와 시대의 요구 사이에서 치열하게 흔들렸던 시간은, 제 삶의 방향을 조용하지만 분명하게 바꾸어 놓았습니다.

코스닥 시장의 설립에 산파역을 맡다

대학을 졸업한 뒤에는 더 이상 유예가 없었습니다. 이제는 현실을 살아내야 했고, 저는 곧바로 취업 전선에 뛰어들었습니다. 학생운동을 하면서도 4년 전액 장학금을 포기할 수 없었던 탓에, 밤을 새워가며 공부를 이어온 시간이 그때 비로소 힘을 발휘했습니다.

졸업 이후 취업 과정은 비교적 수월했습니다. 첫 직장으로 쌍용에 입사하였고 회사의 배려로 하와이에서 연수받는 혜택도 받았습니다. 그렇지만 적성에 맞지 않아 이듬해 여의도 증권가에 자리한 한국증권업협회로 자리를 옮기게 되었습니다. 당시는 주식시장에 대한 열기가 뜨거웠던 시기였습니다. 종합주가지수가 사상 처음으로 1,000포인트를 돌파하였고, 증권가에는 자본주의의 에너지가 거침없이 넘쳐흘렀습니다. 오늘날 코스피가 새로운 고점을 향해 나아가고 있는 모습이 회자되듯, 그 시절 역시 많은 이들이 시장의 가능성과 욕망에 매료되어 있던 때였습니다. 이후 미국 나스닥을 벤치 마킹한 코스닥 시장 공시 과장과 매매심리 팀장을 맡으면서 자본의 흐름이 실물 경제에 어떠한 영향을 미치는지를 두 눈으로 직접 보았습니다. 이후 의정활동 속에서 누구보다도 자본시장의 발전에 관심을 갖게 된 배경입니다.

기술과 자본이 맞물리는 지점에서 가장 빠르게 시대의 변화를 체감할 수 있는 곳이 금융입니다. 아이디어 하나로 출발한 신생 벤처가 자본을 만나 성장하고, 스타트업이 중간기업으로 체급을 키워가는 과정에는 늘 금융의 판단과 결단이 놓여 있습니다. 자금조달은 단순히 돈을 끌어오는 문제가 아니라, 가능성을 어떻게 해석하고 미래를 어떻게 신뢰할 것인가에 대한 사회적 선택에 가깝습니다. 진정한 선진국은 이 선택이 공정하고 투명한 제도 속에서 반복적으로 작동하는 나라입니다.

증권맨으로 일하던 시절, 저는 그 현장의 최전선에 있었습니다. 특히 코스닥 시장이 태동하던 시기는 제 금융 인생에서 가장 밀도 높은 시간 중 하나였습니다. 기술력은 있지만 담보도, 실적도 부족했던 벤처기업들이 제도권 자본시장에 진입할 수 있도록 길을 만드는 과정은 말 그대로 '산파 역할'에 가까웠습니다. 새로운 시장을 만든다는 것은 규칙을 세우는 일인 동시에, 위험을 감수하겠다는 사회적 합의를 이끌어내는 일이었습니다.

당시 현장에서는 기술을 설명하는 창업자의 절박함과, 그 가능성을 숫자로 검증하려는 투자자의 냉정함이 매일 충돌했습니다. 코스닥은 이 둘을 연결하는 실험장이었고, 자본시장이 단기 수익을 넘어 산업 생태계를 키울 수 있다는 가능성을 증명하려는 도전이었습니다. 상장 기준, 공시 제도, 투자자 보호 장치 하나하나가 치열한 논의의 대상이었고, 그 과정에서 금융은 단순한 중개자가 아니라 성장의 인프라라는 사실을 분명히 드러냈습니다.

이 경험은 자본주의의 작동 원리를 이론이 아닌 현실로 이해하게 해주었습니다. 한 번의 제도 설계가 수많은 기업의 운명을 바꾸고, 자본의 흐름이 산업의 지형을 재편하는 장면을 바로 곁에서 지켜보았습니다. 시장은 냉정했지만, 준비된 도전에게는 분명한 기회를 주었습니다. 코스닥의 출범과 성장은 '자본시장이 어떻게 국가의 미래를 떠받칠 수 있는가?'를 보여준 살아 있는 교과서였습니다.

이후 정치의 길로 들어섰을 때, 이 경험은 제 판단의 기준이 되었습니다. 현장을 모르는 정책은 공허하고, 자본의 언어를 이해하지 못한 이상은 오래가지 못합니다. 금융을 안다는 것은 숫자를 다룬다는 뜻이 아니라, 기술과 사람, 산업과 일자리가 어떻게 연결되는지를 읽어내는 능력입니다. 자본주의의 첨병으로 일했던 시간은 정치인으로서 제게 현실 감각과 균형 감각을 동시에 남겨주었습니다.

금융은 경제의 후방이 아니라 전방입니다. 새로운 산업을 끌어당기고, 도전이 실패로 끝나지 않도록 다음 기회를 설계하는 힘입니다. 코스닥 시장의 출범을 현장에서 함께한 경험은 지나간 경력이 아니라, 지금도 제 선택을 단단하게 지탱하는 자산입니다. 자본시장을 이해하는 정치, 금융의 역할을 정확히 아는 국가만이 다음 단계의 선진국으로 나아갈 수 있다고 저는 믿습니다.

그러나 자본주의의 한복판에서 일하고 있었음에도, 제 관심은 숫자 너머에 있었습니다. 제가 주목한 것은 '직장의 민주화'였습니다. 입사 초기부터 노동조합 활동에 참여한 것도 그 때문이었습니다. 조직 안에서 일하는 사람들의 목소리가 존중받고, 일하는 방식과 관행이 합리적으로 바뀌어야 한다는 문제의식은 대학 시절의 고민과 크게 다르지 않았습니다.

입사 3년 차가 되었을 무렵, 저는 노조위원장 선거에 출마했습니다. 노조위원장으로서 저는 근로조건 개선에 힘쓰는 한편, 조직 안에 오래 남아 있던 부조리한 관행들을 하나씩 바로잡고자 했습니다. 동시에 노동조합이 단지 권익을 주장하는 기구에 머무르지 않기를 바랐습니다. 조합원들이 사회를 바라보는 시야를 넓히고, 시민으로서의 책임과 역할을 함께 고민할 수 있어야 한다고 생각했습니다. 그 일환으로 의미 있는 강연회를 기획했고, 당시 민주당 최고위원이었던 노무현, 김근태 두 분을 모신 자리는 지금도 또렷이 기억에 남아 있습니다.

두 분 모두 이제는 곁에 계시지 않지만, 그날의 말씀과 태도는 저를 포함한 많은 이들의 마음속에 여전히 살아 있습니다. 여의도의 빌딩 숲 한가운데서, 저는 그분들을 통해 다시 한번 확인했습니다. 조직과 사회, 그리고 정치란 결국 사람의 문제이며, 그 중심에는 늘 인간의 존엄과 책임이 놓여 있어야 한다는 사실을 말입니다.

신념을 지키기 위한 준비

노조 활동을 이어가며 여러 훌륭한 분들의 강연을 듣는 동안, 제 관심은 점차 직장을 넘어 사회 전체로 옮겨갔습니다. 그러나 막상 사회의 한복판에 서서 마주한 현실은 대학 시절 제가 그려왔던 모습과는 사뭇 달랐습니다. 선과 악으로 나뉘는 이분법적 사고, 단순한 투쟁의 논리만으로는 현실의 복잡한 문제들을 해결할 수 없다는 사실을 절감하게 되었습니다. 이상은 분명했지만, 현실은 훨씬 더 다층적이고 까다로웠습니다.

그 무렵, 기존의 방식과는 다른 길을 모색하는 한 시민단체에 대한 기사를 접하게 되었습니다. 투쟁이 아닌 실사구시의 정신으로 사회 문제에 접근하겠다는 내용이었고, 기사를 읽는 순간 가슴이 뛰었습니다. 그날 퇴근길에 곧장 종로 YMCA 건물을 찾아갔습니다.

그들의 문제의식은 제가 고민하던 방향과 맞닿아 있었기에, 저는 망설임 없이 발기인으로 참여했고, 청년 회원으로 활동을 시작했습니다. 경제정의실천시민연합(경실련)의 첫 정책 제안은 토지공개념 도입과 금융실명제 실시 촉구였습니다. 퇴근 후에는 홍보 전단지를 가슴에 품고 거리로 나가 시민들을 만났고, 주말에는 제가 살던 광명 일대에서 홍보 활동을 이어갔습니다. 직장인으로서 생업을 유지하면서도 사회를 바꾸는 일에 참여할 수 있다는 사실은 제게 큰 사명감으로 다가왔습니다.

그 과정에서 제 열정과 책임감이 조금씩 인정받기 시작했고, 경제정의실천시민연합의 최고 의사결정기구인 상임집행위원회 위원으로 선임되었습니다. 이어 초대 청년회장이라는 역할도 맡게 되었습니다. 당시 상임집행위원 대부분은 교수, 변호사, 회계사 등 각 분야의 전문가들이었습니다. 사회에 막 발을 내디딘 직장인이 그 자리에 함께한 것은 이례적인 일이었지만, 저는 그것이 제 이력보다 시민운동에 임하는 진정성이 평가받은 결과라고 생각하고 있습니다.

그럼에도, 활동의 폭이 넓어질수록 한 가지 고민이 분명해졌습니다. 신념을 오래 지키기 위해서는 경제적 자립이 반드시 뒷받침되어야 한다는 생각이었습니다. 학생운동과 노조 활동, 시민운동을 거치며 '더 나은 사회'를 말해 왔던 제가, 그 신념을 지속하려면 제 삶 역시 흔들리지 않아야 했습니다.

그래서 직장 생활 초기, 친구와 함께 모교인 한양대학교 앞에 작은 호프집을 열었습니다. 친구가 낮 동안 장사를 준비하면, 저는 퇴근 후 가게를 맡았습니다. 아침 일찍 출근해 저녁에 퇴근하고, 다시 가게로 나가 치킨을 튀기다 새벽이 되어서야 하루를 마무리하는 생활을 1년 가까이 이어갔습니다.

경제적 자립은 말로는 간단하지만, 실제로는 몸을 먼저 내미는 일에 가깝습니다. '투잡'이라는 말조차 낯설던 시절, 안정적인 길을 택하기보다 또 하나의 일을 시작하는 선택은 지금 돌아봐도 꽤 용감한 도전이었습니다. 특히, 수업을 마치고 들르는 후배들을 만나는 재미가 쏠쏠했습니다. 가끔은 공부 이야기로 밤을 보내기도 하고, 진로 상담이 자연스럽게 술잔 위에서 이어지기도 했습니다. 장사는 그렇게 사람과 사람 사이에서 흘러갔습니다.

물론 낭만만 있었던 것은 아닙니다. 자정 영업이 금지되던 시절이라 11시가 넘어서 들어온 손님을 돌려보내야 할 때면 마음이 늘 불편했습니다. 막판에 찾아온 손님일수록 사연이 많았고, 그 사연을 모른 척하는 일은 생각보다 쉽지 않았습니다. 신용카드가 보편화되기 전이라 계산은 대부분 현금이었고, "다음에 꼭 갚을게요"라는 말과 함께 외상 장부가 하나둘 늘어갔습니다. 장부를 넘길 때마다 마음속 계산기는 점점 복잡해졌습니다.

그때 처음 알았습니다. 가게가 늘 북적이고 장사가 잘되는 것과, 실제로 돈이 남는 일은 전혀 다른 문제라는 사실을 말입니다. 매출은 눈에 보이지만, 임대료와 재료비, 이런저런 잡비는 늘 조용히 빠져나갔습니다. 밤늦게 셔터를 내리며 "오늘은 괜찮았나?" 스스로에게 묻던 날이 많았습니다. 말 못 할 일도 적지 않았지만, 그만큼 사람의 얼굴을 읽는 법과 돈의 흐름을 몸으로 배우는 시간이기도 했습니다.

이 경험은 시간이 흐를수록 예상치 못한 방식으로 제게 도움이 되었습니다. 책상 위에서 배운 경제 개념보다, 하루 매출을 정리하며 느꼈던 긴장감이 시장을 이해하는 감각을 길러주었습니다. 자영업자의 숨 가쁜 하루를 알게 되었고, '현장'이라는 말의 무게를 실감하게 되었습니다. 나중에 정책을 이야기할 때나 경제를 판단할 때, 숫자 뒤에 있는 사람들의 표정을 떠올릴 수 있게 된 것도 그 시절 덕분이었습니다.

돌이켜보면 투잡은 단순히 수입을 보태기 위한 선택이 아니었습니다. 스스로 벌어본 돈의 무게를 알게 해주었고, 경제적 자립이란 결국 책임을 감당하는 일이라는 사실을 가르쳐주었습니다. 밤늦게 가게 문을 닫던 그 시간은 지금의 저에게 현실 감각이라는 단단한 바탕을 남겨주었습니다. 장사는 끝났지만, 그때 배운 감각은 여전히 제 판단 속에서 살아 움직이고 있습니다.

다양한 활동을 하면서 저는 현실을 외면하지 않고, 그 안에서 대안을 찾는 움직임을 대학가에 뿌리내리고 싶은 마음이 점점 강해졌습니다. 강의실과 세미나실을 오가는 토론을 넘어, 일상의 언어로 세상을 이야기할 수 있는 공간이 필요하다고 느꼈습니다. 그 생각은 자연스럽게 뜻을 같이하던 경제정의실천시민연합과의 공감대로 이어졌고, 작은 공간을 얻어 보증금까지 걸며 첫발을 내디뎠습니다. 하지만 의욕만으로는 운영이 되지 않았고, 계획은 생각보다 빠르게 벽에 부딪혔습니다.

그때 떠올린 이름이 '세상사람'이었습니다. 거창한 구호 대신, 그냥 사람들이 모여 세상 이야기를 나눌 수 있는 곳. 민속주 한 잔이 있고, 국악이 은근히 흐르고, 차와 술의 경계가 느슨한 사랑방 같은 공간을 그리고 있었습니다. 강연장이 아니라 쉼터에 가까운 곳, 주장을 설득하기보다 이야기를 들을 수 있는 자리를 만들고 싶었습니다. 그렇게 '사람세상'을 차리게 되었습니다.

가게는 사람들로 북적였습니다. 들어오는 사람들의 표정은 각기 달랐습니다. 학생, 활동가, 직장인, 우연히 들른 동네 어른까지, 서로 다른 삶이 한 테이블에 앉아 자연스럽게 섞였습니다. 민속주 잔을 기울이다 보면 경제 이야기가 나오고, 황병기 선생의 국악 선율 사이로 삶의 고민이 흘러나왔습니다. 누군가는 세상이 왜 이렇게 돌아가는지 묻고, 누군가는 그래도 바꿀 수 있는 게 무엇인지 조심스럽게 꺼냈습니다. 그 대화들이 쌓이며 공간은 조금씩 자기 색을 갖게 되었습니다.

이 과정에서 큰 힘이 되어준 사람이 당시의 여자 친구, 지금의 아내입니다. 장사 경험도, 운영 노하우도 부족했던 저를 대신해 하나하나 현실적인 부분을 챙겨주었습니다. 손님을 맞이하는 태도부터 공간의 분위기까지, 그녀의 감각이 더해지면서 '사람세상'은 이름처럼 따뜻한 온기를 갖게 되었습니다. 혼자였다면 끝까지 버티지 못했을 일을, 둘이었기에 이어갈 수 있었습니다.

'사람세상'에서 수많은 사람들과 함께했던 시간 덕분에 저는 공간이 사람을 바꾸고, 대화가 생각을 움직인다는 사실을 배웠습니다. 제도와 정책 이전에, 사람들이 마음을 열 수 있는 자리가 먼저 필요하다는 것도 알게 되었습니다. 대학가에 작은 사랑방 하나를 꾸리며 품었던 그 생각은, 이후 현실을 바라보고 대안을 고민하는 제 삶의 방식으로 남았습니다. 지금도 저는 믿습니다. 세상을 바꾸는 이야기는 늘, 이렇게 사람이 모이는 자리에서 시작된다는 것을요.

자영업을 하며 겪은 어려움을 모두 이야기하자면 밤을 새워도 모자랄 것입니다. 그러나 그 시간 덕분에 저는 자영업자의 삶을 몸으로 이해하게 되었습니다. 정책과 제도를 말할 때 책이나 통계가 아니라, 현장에서의 체온을 떠올릴 수 있게 되었습니다. 정치인으로서 정책을 고민하고 제안하는 지금, 그리고 성남을 더 살기 좋은 도시로 만들기 위해 고민하는 이 순간에도, 그 시절의 경험은 제 판단의 중요한 기준으로 남아 있습니다.

2

정치인 김병욱, 새로운 시작

선당후사,
선대위원장을 맡다

사람에 대한 애정과 관심은 늘 저를 사회의 문제로 이끌었습니다. 책상 앞에서 생각하는 데 그치지 않고, 기회가 있을 때마다 현장을 찾아 발로 뛰는 삶을 살아왔습니다. 그러다 보니 정치와는 늘 가까운 거리에 있었지만, 저 자신을 정치의 중심에 두겠다는 생각은 하지 않았습니다. 생활 속에서 필요한 변화를 돕는 사람, 다시 말해 생활 정치의 연장선에 있는 서포터 정도가 제 위치라고 여겼습니다.

그런 저에게 2002년, 뜻하지 않은 계기가 찾아왔습니다. 노무현 대통령이 민주당 대통령 후보로 선출된 이후, 이른바 후보 단일화 협의회가 만들어지며 후보 흔들기가 본격화되던 시기였습니다. 저는 그 상황을 보며 가만히 있을 수 없었습니다. 노무현 후보에 대한 신뢰와 정치개혁에 대한 열망이 있었기에, 자연스럽게 "노무현 후보를 지키자"라는 시민운동에 참여하게 되었습니다. 오프라인 모임에 꾸준히 나가며 활동하던 중, 예상치 못한 추천을 받아 분당 지구당 위원장을 맡게 되었습니다.

지구당 위원장은 곧 총선 출마로 이어지는 자리였습니다. 그러나 저는 중앙정치에 나설 준비가 되어 있지 않았습니다. 정치적 경험과 경륜이 더 필요한 자리라는 판단이 섰고, 결국 저보다 경험이 많은 후보에게 자리를 양보했습니다. 그 선택에는 아쉬움보다, 아직은 때가 아니라는 확신이 더 컸습니다.

이후 한동안은 정당 활동에서 한발 물러나, 사업과 교육에 집중하는 시간을 보냈습니다. 낮에는 일을 하고 밤에는 공부하는 생활을 이어가며, 국민대학교에서 학생들을 가르쳤고, 학업도 꾸준히 이어갔습니다. 주경야독의 시간 속에서 석·박사 과정을 밟았고, 고려대학교 MBA 과정도 수료했습니다. 그 시절은 정치의 언어가 아니라, 삶의 현장과 배움의 언어로 세상을 다시 정리하던 시간이었습니다.

지금 돌아보면, 그 선택들은 모두 '잠시 멈춤'이었을 뿐, 정치로부터의 이탈은 아니었습니다. 다만 저는 늘 같은 질문을 품고 있었던 것 같습니다.

"사회 발전을 위해 나는 무엇을 할 것인가?"

사람에게는 저마다 정해진 길이 있는지도 모르겠습니다. 한때 찾아왔던 기회를 스스로 내려놓았지만, 정치의 현장은 쉽게 저를 놓아주지 않았습니다. 성남시장으로 출마한 이재명 후보로부터 분당을 지역위원장을 맡아서 선거를 도와달라는 요청을 받았습니다.

그날의 기억이 지금도 선명하게 떠오릅니다. 이재명 후보가 늦은 밤, 우리 집 앞으로 찾아왔습니다. 집 앞에 있는 치킨집에서 이야기를 나누었습니다. 당시 저는 지역위원장을 맡아서 선거를 돕기 어려운 입장이었기에, 완곡하지만 단호하게 거절했습니다. 그러나 이재명 후보는 물러서지 않았습니다. 안경 너머로 보이는 그의 눈빛은 형형하게 살아 있었습니다. 피로에 눌리지 않은 눈, 타협을 모르는 눈이었습니다.

"우리가 힘을 합치면 성남을 바꿀 수 있습니다."

말은 짧았지만, 진정성이 진하게 느껴졌습니다. 그날, 제 마음을 돌려세운 것은 이재명 후보의 화려한 언변이 아니었다. 눈빛이었습니다. 사물을 예사롭게 보지 않고, 부리부리하게 꿰뚫어 보는 눈. 가슴 속에 무언가 뜨거운 것이 끓어오르는 사람이라는 걸 단번에 알 수 있었습니다. 그 눈에는 세상을 바꾸겠다는 열망이 숨김없이 타오르고 있었습니다. 현실을 계산하는 대신, 감당하겠다는 각오가 먼저 서 있었습니다. 마치 저에게 이렇게 묻는 듯했습니다.

"당신은 세상을 바꾸고 싶은가? 어디까지 함께 갈 수 있는가?"

압도당한 순간이었습니다. 저의 운명을 직감했습니다.

'아, 이 사람을 도와야겠다!'

그날 분당의 작은 호프집에서 우리는 두 사람은 서로의 미래를 알아보았는지도 모르겠습니다. 당시 분당은 서울 강남 못지않게 보수 정당의 지지세가 강한 지역이었습니다. 민주당 후보를 돕는 일은 결코 쉽지 않은 선택이었지만, 저는 지역의 변화를 위해 역할을 맡기로 했습니다. 이재명 성남시장 후보의 선거대책위원장을 맡아 현장을 누비며 선거

이재명 성남시장 시절 광화문 단식 현장 방문(위)과 단식 후 병문안(아래)

이재명 대통령이 성남시장이던 당시 지방재정개악 저지 호소를 위해 광화문에서 단식 농성을 했습니다. 단식 현장에 방문했던 날의 다짐과 결의를 여전히 기억하고 있습니다. 광화문 단식 농성 후 병문안을 갔을 때, 수척해진 몸이었지만 형형하게 빛나던 그의 눈빛을 지금도 잊지 않고 있습니다.

를 함께 치렀고, 그 결과 오랜 시간 이어졌던 보수 정당의 지방 권력을 꺾고 8년 만에 정권 교체를 이뤄낼 수 있었습니다. 그 과정은 정치가 구호가 아니라, 결국 사람과 조직, 그리고 현장의 힘으로 움직인다는 사실을 다시 확인하는 시간이었습니다.

그 무렵, 분당을 지역구 국회의원이던 보수 정당 소속 의원이 청와대 비서실장으로 자리를 옮기며 재보궐선거가 치러지게 되었습니다. 지역위원장이었던 저는 출마 기자회견을 열고, 본격적으로 지역구를 돌며 얼굴을 알리기 시작했습니다. 아직 예비 후보 신분이었기에 유세차나 선거운동원의 도움을 받을 수는 없었습니다. 아침부터 늦은 밤까지 혼자 분당 곳곳을 걸으며 인지도를 쌓는 일은 체력과 인내를 동시에 요구하는 시간이었습니다.

추운 겨울, 손을 호호 불어 가며 거리를 돌던 중 또 하나의 큰 고민과 마주하게 되었습니다. 당의 명운을 걸고 분당을 재보궐선거에 당 대표가 직접 출마해야 한다는 여론이 형성되기 시작한 것입니다. 어렵게 결심하고 내디딘 중앙정치의 첫걸음이었기에 마음이 흔들리지 않았다고 하면 거짓일 것입니다. 그러나 저는 결국 '선당후사'라는 원칙 앞에 섰습니다.

기자회견을 자청해, 제 개인의 출마보다 당의 승리가 우선이라는 뜻을 분명히 밝혔습니다. 후보였던 제 이름과 분당을 당원들의 이름으로, 손학규 당 대표의 출마를 공식적으로 요청했습니다. 쉽지 않은 선택이었지만, 그 선택이 정치를 대하는 제 태도를 스스로에게 증명하는 순간이기도 했습니다.

이후 당 대표의 출마 선언이 있었고, 저는 선거운동의 실무를 책임지며 현장을 진두지휘했습니다. 선거 일정을 짜고, 하루하루의 동선을 함께하며 끝까지 뛰었습니다. 마침내 승리를 거두었고, 그 순간의 기쁨은 개인의 성취라기보다 함께 만든 결과에 대한 안도에 가까웠습니다. 그때의 경험은, 비로소 '내 정치'를 시작하기 위한 준비 과정이었습니다. 앞에 서기보다 뒤에서 밀어본 시간, 내려놓고 선택한 순간들이 쌓여, 이후 제가 어떤 정치인이 되어야 하는지를 분명하게 만들어주었습니다. 정치의 길은 그렇게, 한 번의 결단이 아니라 수많은 선택의 축적으로 제 앞에 다시 놓이게 되었습니다.

성공한 실패, 또 다른 출발

2012년 제19대 국회의원 총선거가 치러졌고, 저는 이번에는 후보로 정식 등록해 정치의 첫 문턱을 넘었습니다. 앞선 재보궐선거에서 손학규 대표와 함께 선거를 치르며 배운 것들이 적지 않았습니다. 특히 당선된 국회의원이 지역위원장을 겸하지 않고, 제가 지역위원장을 맡았던 경험은 우리 정당사에서도 유례를 찾기 어려운 일이었습니다. 그 덕분에 저는 지역의 구석구석을 제 일처럼 누비며, 분당이라는 공간을 몸으로 익힐 수 있었습니다.

그 경험을 바탕으로 선거에 임했지만, 현실의 벽은 높았습니다. 당시 집권 여당이었던 새누리당이 수도권에서 과반을 차지하는 흐름 속에서, 그 벽을 넘는 일은 쉽지 않았습니다. 결국 결과는 낙선이었습니다. 그러나 험지로 분류되던 분당에서, 정치에 막 입문한 신인 후보가 43퍼센트의 득표를 얻었고, 표 차이는 9,428표에 불과했습니다. 첫 선거에서의 패배였지만, 저는 그 결과를 '성공한 실패'라고 부르고 싶습니다. 이 지역에서 민주당 정치가 가능하다는 사실을 처음으로 현실로 증명한 선거였기 때문입니다.

이후 다시 4년이라는 시간이 필요했습니다. 그 시간 동안 정치인 김병욱은 더 단단해질 수 있었습니다. 학생운동으로, 노조위원장으로, 시민 활동가로 살아온 시간 속에서 다져진 문제의식과 사람에 대한 관심을 바탕으로, 저는 주민 한 분 한 분을 찾아갔습니다. 이야기를 듣고, 기록하고, 고민했습니다. 그렇게 공약은 서류 위에서 만들어진 것이 아니라, 현장에서 다듬어졌습니다. 그 시간이 있었기에, 다음 선거는 처음부터 다른 방식으로 시작할 수 있었습니다.

풀뿌리 민주주의를 지향하며 보낸 4년의 절치부심 끝에, 저는 다시 출마를 선언했습니다. 수많은 지역 공약을 나열하기에 앞서, 정치의 출발점부터 바꾸고 싶었습니다. 국민이 뽑은 국회의원이라면, 국민의 뜻으로 책임을 물을 수 있어야 한다는 생각은 제게 분명한 원칙이었습니다. 그래서 저는 국회의원 국민소환제 도입을 공약으로 내세웠습니다. 아울러 국회의원 세비의 50퍼센트를 기부하겠다고 약속했습니다.

정치의 특권을 말로 비판하기보다, 스스로 내려놓는 실천이 먼저여야 한다고 믿었습니다. 그 진심은 분당 주민들의 마음에 닿았고, 마침내 저는 당선이라는 결과로 응답을 받았습니다. 여론조사 공표 기간 내내 현직 의원이었던 새누리당 후보에게 뒤처진 것으로 나타났지만, 실제 결과는 달랐습니다.

험지로 평가되던 지역에서의 승리는 언론의 주목을 받았고, 그렇게 저는 정치의 중심으로 들어서게 되었습니다. 그러나 그 순간은 도착이 아니라 또 다른 출발이었습니다. 지금까지의 모든 선택과 기다림, 그리고 내려놓음은 그 출발을 위한 준비였다는 사실을, 저는 그때 비로소 실감하게 되었습니다.

3

정책으로 정치를 풀다

개혁은 기득권을 내려놓는 실천으로

저는 개혁이 말로만 이루어질 수는 없다고 믿어왔습니다. 기득권을 내려놓는 구체적인 실천이 있을 때 비로소 사람들의 마음을 움직일 수 있고, 정치에 대한 신뢰도 회복될 수 있다고 생각합니다. 정치에 첫발을 내디뎠던 그 순간부터, 저는 이 신념을 놓지 않고 걸어왔습니다.

20대 국회에서 국회의원으로 첫 임기를 시작하며, 저는 가장 먼저 '국회의원 국민소환제' 법안을 발의했습니다. 선거 과정에서 수많은 주민을 만나며 느꼈던 것은, 국회에 대한 기대보다 깊은 실망이었습니다. 국민의 신뢰가 무너진 상태에서는 어떤 정책도 설득력을 갖기 어렵다고 판단했습니다. 그 신뢰를 회복하기 위해서는, 국회의원 스스로 특권을 내려

놓고 책임지는 정치에 나서야 한다는 결론에 이르렀습니다.

그러나 이제 막 임기를 시작한 초선의원이, 동료 의원 열 명의 동의를 받아 법안을 발의하는 일은 결코 쉽지 않았습니다. 더욱이 이 법안이 통과될 경우, 저 역시 국민소환의 대상이 될 수 있었습니다. 정치적 유불리를 따진다면 피하는 것이 더 안전한 선택이었을지도 모릅니다. 그럼에도 첫 법안으로 국민소환제를 택한 것은, 국회가 다시 국민의 신뢰를 받는 기관으로 거듭나기를 진심으로 바랐기 때문입니다.

국회가 정치인에 대한 불신을 해소하지 못한다면, 좋은 정치는 시작조차 할 수 없다고 생각했습니다. 동료 의원들의 반대와 차가운 시선 속에서도, 저는 법안 발의에 그치지 않고 통과를 촉구하는 토론회를 열었습니다. 대통령과 국무위원에게는 탄핵 제도가 있고, 지방자치단체장과 지방의회 의원에게는 주민소환제가 존재합니다. 그럼에도 국회의원만 유독 국민의 직접적인 견제 장치에서 비켜 서 있는 현실은 형평에 맞지 않다고 보았습니다.

안타깝게도 국민소환제 법안은 상임위원회의 문턱을 넘지 못한 채, 임기 만료로 폐기되었습니다. 결과만 놓고 보면 실패였을지도 모릅니다. 그러나 국민이 진정한 주권자임을 제도적으로 확인하는 길은 반드시 열려야 한다는 믿음에는 지금도 변함이 없습니다. 정치인은 언제든 국민 앞에 책임질 준비가 되어 있어야 한다는 원칙, 그것이 제가 정치에 몸담으며 끝까지 지키고자 하는 기준입니다.

열심히 일하는 국회의원

국회의원이 만드는 정책은 사회와 국가의 방향을 바꿀 수 있습니다. 그러나 당장 오늘의 한 끼가 막막한 이웃에게 필요한 것은 거창한 담론이 아니라, 지금을 버틸 수 있게 해주는 최소한의 의식주입니다. 저는 정치를 결심하며 이 간극을 늘 의식해 왔습니다. 더 나은 사회를 말하는 정치가, 현실의 고통과 멀어져서는 안 된다고 생각했기 때문입니다.

그래서 저는 정치에 나서며 급여의 50퍼센트를 기부하겠다는 결단을 공약으로 내세웠습니다. 민생은 어려운데 정치권은 자기 이익을 둘러싼 싸움에만 몰두하고 있다는 국민의 불신을, 말이 아닌 실천으로 조금이나마 덜어내고 싶었습니다. 정치가 신뢰를 회복하기 위해서는, 정치인이 먼저 자신의 몫을 내려놓아야 한다고 믿었습니다. 그리고 당선 이후 그 약속을 지켰습니다. 실제로 국회의원 세비의 절반을 기부했고, 누적 기부액이 1억 원을 넘기며 사랑의 열매 아너스 클럽에 이름을 올리게 되었습니다. 물론 봉급의 절반을 기

8년 연속 더불어민주당 국정감사 우수 의원 선정

국회의원으로 8년을 일하는 동안 8년 연속 더불어민주당 국정감사 우수 의원에 선정되었습니다. 잘해서 받은 상이라기보다 초심을 잊지 말라는 뜻으로 받아들이고 있습니다. 앞으로도 일하는 정치인, 발로 뛰는 정치인으로 남고 싶습니다.

부하는 일을 모든 정치인에게 요구할 수는 없다고 생각합니다. 다만 정치인의 한 사람인 제가 먼저 그렇게 살아갈 때, 정치 전반에 대한 국민의 불신을 조금이나마 줄이는 데 보탬이 될 수 있다면, 그 선택은 충분히 감당할 가치가 있다고 여겼습니다.

국회의원은 국민을 대신해 앉는 자리입니다. 저는 그 자리를 비우지 않으려 노력해 왔습니다. 상임위원회와 본회의 출석을 기본적인 책무로 여기며, 책임 있는 의정활동을 이어왔습니다. 한 언론에서 국회의원의 회의 출석률을 집계해 발표한 바 있는데, 20대 국회에서 상임위원회와 본회의에 모두 개근한 의원은 저를 포함해 네 명에 불과했습니다.

국민의 대표로 선출되었다면, 국민을 위해 성실히 일하는 것은 선택이 아니라 당연한 의무라고 생각합니다. 어떤 상황에서도 그 책무를 다하려 한 이유는 단순합니다. 그것이 국민과의 약속이며, 국회의원이라는 직무의 본분이기 때문입니다. 상임위원회 출석률 100퍼센트를 유지하는 성실함을 바탕으로 한 의정활동의 결과로, 국회의원으로 일한 8년 동안 한 해도 빠짐없이 더불어민주당 국정감사 우수 위원상을 수상했습니다. 또한 2023년에는 국회의장이 수여하는 국회 의정 대상을 받았고, 2017년과 2018년에는 입법 및 정책개발 우수 국회의원으로 선정되었습니다.

이 모든 평가는 개인의 성과라기보다, 국민의 자리를 대신 맡은 사람으로서 최소한의 책임을 다하려 했던 과정의 기록이라 생각합니다. 저는 앞으로도 정치가 신뢰를 회복하는 길은 결국 성실함과 책임에서 출발한다는 믿음을 놓지 않을 것입니다.

법안, 발의에서 통과까지

저를 믿고 선택해준 분당 주민들의 삶에서 출발한 고민은, 점차 지역의 문제를 넘어 국가 차원에서 해결해야 할 과제로 확장되었습니다. 국회의원이라면 특정 지역의 이해에 머무르지 않고, 보다 효과적이고 생산적인 해법을 모색해야 한다고 생각했기 때문입니다. 이것은 나랏일을 맡은 사람으로서 가져야 할 최소한의 태도이기도 했습니다.

다만 정책을 고민할수록 스스로에게 반복해서 묻게 되었습니다. 이것이 과연 합리적이고, 타당한 대안인가 하는 질문이었습니다. 혼자만의 판단으로는 한계가 분명했고, 더 많은 지혜가 필요했습니다. 그래서 저는 의정활동 8년 동안 총 150차례의 정책토론회를 열었습니다. 새로운 현안을 발굴하기 위해, 그동안 당연하게 여겨졌던 문제들에 합리적인

의심을 던졌고, 대안을 마련하기 위해 집단 지성의 힘을 빌렸습니다.

그중 깨끗한 학교 실내공기 환경을 마련하기 위한 정책 토론회는 의미 있는 출발점이 되었습니다. 토론회에서 제시된 연구용역 결과를 바탕으로, 정부는 약 2,200억 원의 예산을 확보해 전국 초·중·고등학교에 공기정화장치를 설치하겠다고 발표했습니다. 하나의 문제 제기가 제도와 예산으로 이어진 사례였습니다.

이 밖에도 안정적인 노후생활을 위한 사적연금 운용 제도 개선, 도시재생 뉴딜 사업의 실효성을 높이기 위한 정책 논의, 플랫폼 노동자의 권익 보호를 위한 토론회, 전세사기 특별법의 보완과 제도 개선을 위한 정책 포럼, 그리고 1기 신도시를 포함한 노후 계획도시 주거 환경 개선을 위한 특별법 평가 토론회 등 다양한 주제를 놓고 논의를 이어갔습니다. 저는 이 자리에서 도출된 대안들을 중심으로 법안을 마련하고 발의해 왔습니다.

국회의원으로 일한 8년 동안 저는 국민의 삶에서 체감할 수 있는 민생 법안을 만드는 데 집중해 왔습니다. 법안을 발의하는 데서 멈추지 않고, 본회의 통과에 이르기까지 동료 의원들을 설득하기 위해 끊임없이 대화를 이어갔습니다. 정책의 필요성을 설명하고, 우려를 조정하며, 타협 가능한 지점을 찾는 과정은 수많은 문제를 해결하는 과정의 연속이었지만, 반드시 거쳐야 할 길이었습니다.

민주당의 정책 기조 위에 실사구시의 정책을

그동안 민주당의 경제정책은 중소기업 보호와 공정한 시장 질서 확립을 중심으로 추진되어 왔습니다. 이는 우리 사회의 불균형을 바로잡고 경제적 약자를 보호하는 데 중요한 역할을 해온 정책적 가치입니다. 저 역시 그 방향에 깊이 공감해 왔습니다. 다만 의정활동을 이어가며, 급변하는 글로벌 경쟁 환경 속에서 국가와 기업의 지속 가능한 성장을 위해서는 또 하나의 질문이 필요하다고 느끼게 되었습니다. 보호와 규율만으로는 한계가 있으며, 글로벌 시장에서 경쟁할 수 있는 역량을 어떻게 키울 것인가에 대한 고민이 병행되어야 한다는 문제의식이었습니다.

이러한 생각에서 출발해, 글로벌 경쟁력을 갖춘 기업 생태계를 어떻게 조성할 것인가를 논의하기 위한 모임을 만들었습니다. 기술과 자본, 인재를 둘러싼 국제 경쟁이 날로 치열해지는 현실 속에서, 우리 경제가 나아가야 할 방향을 차분히 점검하고 대안을 모색하는 정책적 플랫폼이 필요하다고 판단했기 때문입니다. 이 모임은 단기적인 성과를 목표로 하기보다는, 성장 전략에 대한 인식을 확산하고 중장기적 논의를 축적하는 데 의미를 두었습니다. 그 과정에서 형성된 논의들은 이후 민주당과 정부의 성장 담론이 보다 입체적으로 전개되는 데 일정 부분 기여했다고 생각합니다.

한편, 민주당의 기본적인 경제·금융 정책 기조는 금산분리 원칙에 기반하고 있습니다. 금융시장의 안정성을 지키고 산업자본에 의한 금융 지배를 방지하기 위한 이 원칙은 여전히 중요한 제도적 토대라고 생각합니다. 저 또한 그 취지와 필요성을 존중해 왔습니다. 그러나 현실은 빠르게 변화하고 있었고, 기존의 틀만으로는 새로운 산업 환경과 혁신의 속도를 온전히 담아내기 어려운 상황이었습니다.

그래서 저는 원칙을 지키되, 변화를 제도 안으로 끌어들이는 방식의 입법을 고민했습니다. 인터넷전문은행의 경우, 정보통신기술(ICT) 기업의 지분 참여를 확대해 혁신을 가능하게 하되, 금융 안정성을 훼손할 수 있는 위험 요소는 제도적으로 차단하는 장치를 함께 마련했습니다. 지주회사의 기업주도형 벤처캐피털(CVC) 허용 역시 같은 맥락에서 접근했습니다. 무분별한 금융 진출은 엄격히 제한하고, 혁신 투자라는 목적에 한해서만 활동이 가능하도록 안전장치를 두었습니다.

이는 원칙을 허무는 완화가 아니라, 원칙을 기반으로 변화의 방향을 관리하는 선택이었습니다. 저는 경제 정책이란 과거의 기준을 고수하는 것과 무조건적인 규제 완화 사이의 이분법이 아니라, 위험을 통제하면서도 새로운 가능성을 제도 안에서 실험하는 과정이라고 생각합니다. 그 균형을 찾는 일이야말로, 지금의 정치가 감당해야 할 중요한 책임이라고 믿습니다.

당의 재정을 맡는다는 것,
정치의 신뢰를 설계하는 일

더불어민주당 집권플랜본부 총괄부본부장으로 활동하던 시기에 신임 중앙당후원회장이라는 큰 역할을 맡게 되었습니다. 중앙당후원회는 당의 재정적 안정을 책임지고, 정책과 비전이 실제로 추진될 수 있도록 뿌리를 받치는 기구입니다. 저는 이 역할을 단순히 '재정을 관리하는 일'로 받아들이지 않았습니다. 정당의 돈을 맡는다는 것은 곧 정치의 신뢰를 설계하는 일이라고 느꼈기 때문입니다. 말로는 좋은 정책을 이야기하면서, 실행할 수 있는 구조를 만들지 못한다면 정치는 쉽게 공허해질 수밖에 없습니다.

정당 후원은 단순한 기부가 아니라, 정치에 대한 신뢰와 참여의 표현이라고 생각합니다. 저는 기존의 당원 중심 후원 구조만으로는 정당의 미래가 오래 지속되기 어렵다고 판단했습니다. 정당은 당원만의 조직이 아니라, 정치에 관심을 가진 시민 전체와 연결되어야 하기 때문입니다. 그래서 당원뿐 아니라 일반 시민들도 자연스럽게 참여할 수 있는 새로운 후원 시스템을 마련하고자 했습니다. 절차는 최대한 간소화하되, 후원이 어떤 의미를 갖는지, 그 돈이 어디에 쓰이는지를 분명하게 설명하는 데 힘을 쏟았습니다. 단순히 "도와달라"고 말하는 정당이 아니라, 왜 필요한지 설명하고 시민의 선택을 존중하는 정당이 되어야 한다고 믿었습니다.

재정은 정책의 실행력을 결정합니다. 아무리 좋은 정책이라도 이를 뒷받침할 재정적 기반이 없다면 선언에 그칠 수밖에 없습니다. 그래서 중앙당후원회장으로서의 역할은 단순히 재정을 확보하는 데 머무르지 않아야 한다고 보았습니다. 당의 정책과 비전을 국민께 더 효과적으로 전달하고, 소통의 통로를 넓히는 일 또한 재정과 분리될 수 없다고 판단했습니다. 재정적 안정성은 숫자의 문제가 아니라, 정당이 어떤 가치를 지향하는지를 보여주는 방식이기 때문입니다. 투명하게 설명하고, 책임 있게 운영하며, 그 결과를 다시 국민께 돌려드리는 구조를 만드는 것이 중요하다고 생각했습니다.

중앙당후원회장은 이해찬 전 더불어민주당 대표, 정세균 전 국무총리, 문희상 전 국회의장 등 당의 중요한 순간마다 중심을 잡아오신 정치 선배들께서 맡아오셨던 자리입니다. 그 이름들을 떠올릴 때마다, 이 자리가 결코 가볍지 않다는 사실을 실감했습니다. 그래서 저는 스스로에게 분명한 기준을 세웠습니다. 정치에서 재정은 언제나 오해를 받기 쉬운 영역이기에, 더욱 엄격해야 하고 더욱 투명해야 한다고 생각했습니다. 정당의 돈은 정당을 위해 존재하는 것이 아니라, 국민을 위한 정치로 다시 돌아가야 한다는 원칙만은 끝까지 지키고자 했습니다.

중앙당후원회에서의 경험은 저에게 정치의 또 다른 본질을 가르쳐주었습니다. 정치는 앞에 나서는 몇 사람만으로 이루어지지 않으며, 보이지 않는 곳에서 시스템을 만들고 신뢰를 쌓는 시간이 결국 정치의 내구력을 결정한다는 사실이었습니다. 이 경험은 제가 성남이라는 도시를 바라보는 시선에도 그대로 이어졌습니다. 도시는 한 번의 이벤트로 성장하지 않습니다. 안정적인 재정, 시민의 참여, 그리고 신뢰가 쌓일 때 비로소 앞으로 나아갈 수 있다고 믿습니다. 잘 작동하는 시스템을 갖춘 도시, 시민이 참여할 수 있는 구조를 지닌 도시. 그것이 제가 그리고 있는 성남의 모습입니다. 정치의 중심에서 가장 기초를 다루었던 그 시간은, 지금도 제 판단과 선택의 기준으로 남아 있습니다.

청와대 정무비서관, 행정가로 새로운 도전

대변인으로, 직능본부장으로, 자본시장 위원장으로, 수많은 선거 현장과 정치 현장을 두루 경험하는 동안 제 안에서 하나의 감각이 또렷해졌습니다. 정치의 기술보다 더 중요한 것은 이 시대가 무엇을 요구하는지 읽어내는 힘이라는 사실이었습니다. 여론의 표면이 아니라, 그 아래에서 반복적으로 신호를 보내는 불안과 분노, 기대와 체념을 구분하는 감각은 경험을 거칠수록 더 날카로워졌습니다.

시대정신에 응답한다는 것은 결국 구체적인 문제를 외면하지 않는 일이라고 생각합니다. 양극화 해소, 청년을 위한 정책은 구호가 아니라 선택의 문제였습니다. 이미 닦여 있는 길보다 남들이 가지 않는 길을 스스로 개척해야 했고, '여의도 문법'으로는 설명하기 어려운 발상과 대안을 찾아 한발 앞서가려 애썼습니다. 시간이 흐른 뒤에야 평가받는 정책도 많았습니다. 당원 주권 강화와 같은 시도 역시 당시에는 낯설었지만, 지나고 보면 시대를 앞서간 선택이었다고 생각합니다.

이 모든 경험을 통해 분명해진 것이 하나 있습니다. 시대정신을 민감하게 읽는 감각만으로는 부족하고, 그것에 응답하는 행동력이 함께 가야 한다는 점입니다. 농어촌 기본소득, 기본 생활 보장과 같은 정책 역시 같은 맥락에서 나왔습니다.

삶의 출발선이 지나치게 다른 현실을 외면하지 않고, 최소한의 존엄을 사회가 함께 책임지자는 제안이었습니다. 정치는 결국 선택의 연속입니다. 무엇을 먼저 보고, 무엇에 응답할 것인가. 저는 앞으로도 이 시대가 보내는 신호를 놓치지 않기 위해 생각하고, 듣고, 움직이려 합니다. 과장된 말보다 실제로 작동하는 대안으로, 조용하지만 꾸준하게 시대에 답하는 정치를 하고 싶습니다.

그 과정에서 배운 것도 적지 않습니다. 생각이 다르더라도 받아들일 가치가 있다면 기꺼이 수용하는 태도, 개인의 유리함과 불리함을 넘어 공적인 영역에서 무엇을 해야 하는지 끊임없이 고민하는 자세가 얼마나 중요한지 몸으로 느꼈습니다. 언젠가 한 선배가 제게 책 한 권을 권한 적이 있습니다. 《후흑학(厚黑學)》이었습니다.

《후흑학》은 중국의 이종오(李宗吾)가 1912년 제창한 사상으로 후흑은 면후(面厚)와 심흑(心黑)을 합성한 말입니다.

2026년 청와대 춘추관에서 있었던 정무 브리핑

정무비서관으로서 '새해를 맞아 국정 운영의 주요 방향을 공유하고 민생 회복과 국정 안정을 위한 초당적 협력 방안을 논의할 계획'을 청와대 춘추관에서 정당 지도부 오전 간담회 관련 브리핑하는 모습입니다.

'얼굴이 두껍고 뱃속이 시커먼' 사람이 출세하고 성공한다는 것이 책의 주된 내용입니다. 이 책을 권한 이유를 곰곰이 생각해 보니 세상을 읽는 눈을 키우되, 동시에 간파당하기 쉬운 자신의 약점도 경계하라는 뜻으로 들렸습니다. 저는 좋고 싫음이 얼굴에 바로 드러내곤 했습니다. '얼굴이 두껍고 뻔뻔한 사람'은 되고 싶지 않았지만, 아직 내공을 더 쌓아야 할 시간이 필요하다는 생각을 했습니다.

최근엔 대통령으로부터 부름을 받아 청와대 정무비서관으로 일할 수 있는 기회를 갖게 되었습니다. 입법부가 아닌 행정부에서의 역할이었습니다. 국회에서 수많은 논의와 입법이 이루어지지만, 그것이 실제 국정으로 구현되기까지는 분명한 간극이 존재합니다. 그 간극을 메우는 역할이 필요하다는 대통령의 문제의식에 저는 깊이 공감했습니다. 정치가 말과 논쟁에 머물지 않고, 국민의 삶을 바꾸는 결과로 이어지기 위해서는 누군가는 국정의 일선에서 책임을 져야 한다고 판단했기 때문입니다.

대통령과 여야가 직접 대화해야 한다는 문제의식에서 실무를 맡았던 경험도 기억에 남습니다. 여야 영수회담은 여러 차례 벽에 부딪혔고, 실제로 무산될 뻔한 순간도 있었습니다. 그럼에도 끝까지 정성을 다해 조율했고, 결국 성사의 문을 열었습니다. 이재명 대통령은 취임 3개월 만에 그 자

대통령님께 업무보고

이재명 대통령님께 업무보고 후 지시사항을 전달받고 있습니다.

리를 만들었습니다. 대화 자체가 정치의 복원이라는 믿음이 있었기에 가능한 일이었습니다.

그렇게 저는 청와대 정무비서관으로서, 당과 정부, 대통령실 사이의 소통을 조율하는 역할을 맡게 되었습니다. 이해관계가 다른 주체들 사이에서 갈등을 조정하고, 정책의 취지가 왜곡되지 않도록 연결하는 일은 묵직한 책임감을 수반하는 일이었습니다. 그동안 국회와 정책 현장에서 쌓아온 경험은, 이 역할을 수행하는 데 중요한 토대가 되었습니다.

청와대에서 일하는 시간 동안 저는 보여주기식 성과보다, 국민의 일상에 실제로 도움이 되는 해법을 만들어내는 데 집중하고자 했습니다. 행정이 어떻게 작동하고, 결정이 어떤 과정을 거쳐 현실이 되는지를 가까이에서 지켜본 시간은, 앞으로 제2의 고향인 성남과 분당으로 돌아가 주민들을 위한 행정을 고민하는 데 든든한 밑거름이 될 것이라 믿습니다. 저는 여전히 같은 질문을 붙들고 있습니다.

"정치는 어떻게 사람들의 삶을 조금이라도 더 나아지게 할 수 있는가?"

그 질문에 답하기 위한 선택과 책임은, 앞으로도 계속 이어질 것입니다.

4

분당 그리고 성남을 위하여

제2의 고향 분당, 내 손을 잡아준 주민들

제 인생에서 가장 오랜 시간을 보낸 곳은 분당입니다. 2002년 처음 이곳으로 이사 온 이후 지금까지 살아오며, 분당은 제게 제2의 고향이 되었습니다. 무엇보다 정치인 김병욱의 손을 처음으로 잡아준 곳이기도 합니다. 삶의 터전이자 정치의 출발점이라는 점에서, 분당은 제 인생에서 각별한 의미를 지니고 있습니다.

제가 정치에 처음 발을 들였을 당시, 분당의 선거는 사람보다는 특정 정당 중심으로 치러지던 지역이었습니다. 이미 10년 넘게 분당에 거주하며 그 정치적 분위기를 잘 알고 있었던 터라, 만약 국회의원 자리에 대한 욕심만 있었다면 지역에서 유리한 선택을 하는 길도 분명히 있었을 것입니다. 그러나 저는 그렇게 하지 않았습니다. 제가 뿌리내리고 살아온 이곳에서, 사람을 중심에 두는 변화의 가능성을 시험해 보고 싶었습니다.

그 길이 쉽지 않다는 사실은 처음부터 알고 있었습니다. 그럼에도 우직하게 걸음을 옮겼고, 2012년 총선에서 의미 있는 득표율로 그 가능성을 확인할 수 있었습니다. 그리고 2016년 총선에서 분당 주민들은 마침내 제 손을 잡아주었습니다. 언론이 말한 대로, 분명 이변이었습니다. 2020년 총선에서도 분당 주민들은 다시 한번 저를 선택해 주셨고, 그 신뢰와 고마움은 지금도 제 마음에 깊이 남아 있습니다.

2024년 선거에서는 아쉬운 결과를 받아들여야 했습니다. 그러나 분당과 성남을 향한 제 마음이 그로 인해 달라지지는 않았습니다. 2011년 손학규 대표를 도와 보궐선거를 치르던 때부터 지금까지, 제 시선과 관심은 한결같이 분당과 성남을 향해 있었습니다. 거의 15년에 걸친 시간 동안 분당의 골목과 거리, 시장과 아파트 단지를 오가며 수많은 주민을 만났고, 그분들이 건네주신 이야기 하나하나를 마음에 담아 왔습니다.

그중 일부는 정책과 입법으로 현실이 되었고, 일부는 아직 과제로 남아 있습니다. 저는 그 미완의 과제들이야말로 정치인으로서 제가 계속 이 자리에 서 있어야 하는 이유라고 생각합니다. 분당과 성남을 향한 책임은 과거의 성과로 끝나는 것이 아니라, 앞으로 무엇을 더 해낼 것인가로 증명되어야 한다고 믿습니다. 정치인 김병욱으로 살아가는 동안, 제 마음에 남아 있는 그 숙제를 하나씩 풀어가는 일은 앞으로도 계속될 것입니다.

분당의 도시재생,
끈질긴 노력의 결실

1991년 입주를 시작한 분당신도시는 수도권 1기 신도시 가운데 가장 큰 규모를 갖고 있습니다. 그러나 시간이 흐르며, 이 장점은 동시에 과제가 되었습니다. 30여 년이 지나면서 주택의 노후화가 한꺼번에 진행되었고, 공동주택의 주거 환경 개선은 더 이상 미룰 수 없는 현실이 되었습니다. 분당의 국회의원으로서, 이는 제게 주어진 가장 중요한 책무 가운데 하나였습니다.

국회에 입성한 첫해인 2016년, 저는 '노후 공동주택 리모델링 현황과 과제'를 주제로 정책토론회를 열었습니다. 문제를 제도적으로 풀기 위해서는 먼저 현실을 정확히 짚는 과정이 필요하다고 보았기 때문입니다. 전문가들의 발제와 주민들의 의견을 통해 시급한 과제가 무엇인지 확인했고, 그 내용을 토대로 주택법 개정안을 발의했습니다. 이후에도 '수도권 노후 택지지구 리노베이션 정책 세미나' 등 관련 토론회를 꾸준히 이어가며, 국토교통부와 수차례 협의를 진행했습니다. 단기간의 성과보다는, 제도가 현장에 안착할 수 있는 길을 찾는 데 집중했습니다. 이런 노력이 쌓여, 해당 법안은 2020년 1월 국회 본회의를 통과했습니다. 한 번의 결단이 아니라, 공론화와 설득, 조정의 과정을 거쳐 도달한 결과였습니다.

재선의원으로 활동하는 동안에는 분당의 도시재생을 보다 본격적으로 추진하기 위해 상임위원회를 국토교통위원회로 옮겼습니다. 그리고 이 자리에서 분당 재건축 활성화를 위한 '3대 법안'을 중심으로 제도 개선에 나섰습니다. 먼저 '노후 신도시 재생 및 공간 구조 개선을 위한 특별법안', 이른바 1기 신도시 재건축 특별법을 발의해 국회 본회의를 통과시켰습니다. 이를 통해 분당의 체계적·광역적 정비와 통합 재건축이 가능해졌고, 용적률 상향과 용도지역 변경 등 도시 전반을 고려한 정비의 길이 열렸습니다.

아울러 재건축·재개발 과정에서 반복되어 온 상가 지분 쪼개기로 인한 투기와 사업 지연 문제를 막기 위해, '상가 지분 쪼개기 방지법'으로 불리는 도시정비법 개정안을 발의해 통과시켰습니다. '재건축 부담금 완화법'으로 불리는 재건축 초과이익 환수에 관한 법률의 논의 과정에서도 현실적인 대안을 제시했고, 그 내용이 제도에 반영되도록 힘을 보탰습니다. 초과 이익 기준의 재설정, 장기 보유에 대한 감면, 부과 시점 조정 등은 재건축 사업의 예측 가능성을 높이고, 추진 여건을 개선하는 데 기여할 것으로 평가받고 있습니다.

이 모든 과정은 분당이라는 도시가 앞으로도 지속 가능한 삶의 터전으로 남기 위해 반드시 거쳐야 할 단계였습니다. 분당의 변화 역시 단기적인 성과가 아니라, 다음 세대까지 책임질 수 있는 질서 위에서 이루어져야 한다는 생각에는 지금도 변함이 없습니다.

살기 좋은 분당, 더 살기 좋게

탄천이 시원하게 흐르고, 동네 곳곳에 녹지 공원이 조성된 분당은 오래도록 살기 좋은 도시로 평가받아 왔습니다. 그러나 시간의 흐름을 피해 갈 수는 없었습니다. 시설은 노후화되었고, 관리의 사각지대에 놓인 공간들은 어느새 민원의 대상이 되었습니다. 무엇보다 아이들이 이용하는 어린이 공원의 시설이 안전사고에 취약하다는 사실을 확인했을 때, 더 이상 미룰 수 없는 과제라고 판단했습니다. 그렇게 공원 리모델링 사업에 본격적으로 나서게 되었습니다.

행정안전부 장관의 특별교부금 지원이 가능하다는 점을 확인했고, 직접 장관을 설득해 예산을 확보했습니다. 여기에 더해 당시 경기도의 특별조정교부금 제도를 활용할 수 있었고, 이를 통해 공원 리모델링 사업은 속도를 낼 수 있었습니다. 지방정부와 중앙정부의 재원을 유기적으로 연결하는 방식으로, 사업의 지속 가능성을 확보하고자 했습니다.

사업이 본격화되자 분당 곳곳에서 추가 요청이 이어졌습니다. 저는 설계 단계부터 주민들의 의견을 듣는 과정을 중요하게 여겼습니다. 공원이 누구를 위한 공간인지, 어떤 기능이 필요한지에 대한 답은 현장에 있다고 보았기 때문입니다. 완공에 이르기까지 공정 하나하나를 세심하게 살폈고, 그 결과 2024년 임기를 마칠 무렵에는 총 26개 어린이 공원의 리모델링이 마무리되었습니다.

새롭게 단장한 공원에서 아이들이 안전하게 뛰어노는 모습, 가족이 함께 시간을 보내는 장면, 어르신들이 산책하며 건강을 챙기는 일상을 보았습니다. 공원은 다시 민원의 대상이 아니라, 지역의 삶을 지탱하는 공간으로 자리 잡기 시작했습니다.

또한 국민체육 진흥 기금 국비를 확보해 금곡공원에 국민스포츠센터를 유치했고, 2024년 2월 문을 열었습니다. 초선 시절부터 역점적으로 추진해 온 수내도서관은 2025년 6월 개관을 했습니다. 도서관과 체육시설, 그리고 새로 단장된 공원들은 분당의 일상을 한 단계 더 풍요롭게 만드는 기반이 되었습니다.

분당은 이미 살기 좋은 도시였지만, 저는 거기에 머무르고 싶지 않았습니다. 생활 속 불편을 하나씩 해결하고, 오래된 공간을 다시 사람의 자리로 돌려놓는 일. 그렇게 분당은 조금씩, 그러나 분명하게 더 살기 좋은 도시로 변화해 왔습니다.

분당의 미래,
다음 세대를 위한 투자

교육의 도시로 불려 온 분당이지만, 도시계획 초기 단계에 지어진 학교들 상당수는 이미 노후화가 진행된 상태였습니다. 학생들은 불편을 호소하고 있었고, 현장을 찾을수록 그 문제는 더 분명해졌습니다. 특히 30여 년 전의 기준으로 설계된 학교들 가운데는 실내 체육관이 없는 곳이 많았습니다. 미세먼지가 심한 날이면 아이들은 체육활동을 포기해야 했고, 운동장은 비어 있었습니다.

학생들도, 학부모들도 실내 체육관을 간절히 원하고 있었습니다. 그러나 현실적인 벽은 예산이었습니다. 국가 예산으로 70퍼센트를 확보해야만 나머지 30퍼센트를 시 예산으로 매칭할 수 있는 구조였기에, 교육부의 협조 없이는 한 발도 나아가기 어려웠습니다. 때로는 국정감사장에서 문제를 분명히 지적했고, 때로는 수차례의 설명과 설득으로 문을 두드렸습니다. 그렇게 오랜 시간 교육부와 소통한 끝에, 분당 20여 개 학교에 실내 체육관을 건립할 수 있는 길이 열렸습니다.

실내 체육관 신설을 위해 학교를 하나하나 방문하며 학생과 학부모들을 만나다 보니, 체육관만의 문제가 아니라는 사실을 깨닫게 되었습니다. 냉난방시설은 오래되어 제 기능을 하지 못했고, 화장실과 창호, 소방 설비 등 기본적인 안전시설 역시 개선이 시급한 곳이 많았습니다. 이후 추가적인 예산을 확보해 학교시설 개선 사업을 추진했습니다. 아이들이 안전하고 쾌적한 환경에서 하루를 보내는 것, 그것은 교육 이전에 반드시 지켜져야 할 최소한의 조건이라고 생각했습니다.

국회의원으로 8년이라는 시간 동안 분당을 위해 고민하

분당 아파트 어린이 공원에서 미래 세대와 함께

미래 세대는 우리의 꿈입니다. 살기 좋은 성남을 더 살기 좋은 곳으로 만들어 미래 세대에 물려줘야 합니다. 그것이 어른인 우리가 가져야 할 의무입니다.

고 뛰어온 일들은 결코 한두 가지로 정리될 수는 없습니다. 공원과 도서관, 체육시설과 학교까지, 분당의 일상 곳곳에 손이 닿지 않은 영역이 없기를 바라는 마음으로 걸어왔습니다. 그 과정과 선택들이 분당 주민들의 기억 속에 남아 있기를, 그리고 이 도시가 조금이라도 더 살기 좋은 방향으로 나아가는 데 보탬이 되었기를 조심스레 기대합니다.

오늘도 성남과 함께 걷는 이유

성남은 지금까지 눈부신 성장을 이뤄왔지만, 이미 드러난 성과보다 아직 펼쳐지지 않은 잠재력과 가능성이 더 많은 도시라고 생각합니다. 도시가 성숙해질수록 삶의 기준은 높아지고, 다음 세대가 살아갈 성남은 지금보다 훨씬 더 세심한 준비를 요구합니다. 저는 이 도시가 아이들에게는 안전하게 배우고 꿈을 키울 수 있는 곳으로, 청년들에게는 미래를 설계할 수 있는 발판으로, 어르신들에게는 존엄한 노후가 보장되는 삶의 터전으로 충분히 나아갈 수 있다고 믿습니다.

그 믿음의 근거는 추상적인 비전이 아니라, 분당의 골목과 학교, 공원과 시장에서 마주했던 수많은 얼굴들입니다.

하루를 버티는 이야기, 변화를 바라는 목소리, 아직 말로 다 하지 못한 기대와 걱정까지, 그 모든 순간이 제 마음속에 차곡차곡 남아 있습니다. 성남은 제게 늘 말을 걸어오는 도시였습니다. 어떤 골목에서는 속도를 조절하라고 하고, 어떤 시장에서는 삶의 무게를 잊지 말라고 말합니다. 저는 그 질문들 앞에서 고개를 돌리지 않으려 합니다.

정치는 도시의 표정을 읽는 일에서 출발해야 한다고 믿습니다. 계획보다 앞서는 것은 사람의 삶이고, 제도보다 먼저 살펴야 할 것은 현장의 온기입니다. 그래서 저는 성남을 위해 지금 이 순간에도 무엇이 가장 필요한지, 어디를 먼저 보듬어야 하는지를 계속 묻고 있습니다. 그 질문을 멈추지 않는 것이 이 도시와 맺은 저의 책임이라고 생각합니다.

이 길의 끝에서 성남이 정치의 수사가 아니라 일상의 언어로 기억되기를 바랍니다. 아이에게는 "내가 자란 도시"라고 자랑할 수 있는 곳으로, 어른에게는 "이곳에서 살아온 시간이 참 좋았다"라고 말할 수 있는 도시로 남기를 진심으로 바랍니다. 저는 이 마음을 뜨겁게 품고, 오늘도 성남과 함께 한 걸음씩 나아가고자 합니다. 이 도시에 꼭 필요한 일을, 끝까지 해내고 싶습니다.

사람의 시간을 지키는 일

에필로그를 쓸 때마다 가장 어려운 일은, 이야기를 더 붙이는 것이 아니라 말을 멈출 자리를 찾는 일이라는 생각이 듭니다. 성남이라는 도시를 이야기해 온 이 책의 끝에서, 저는 다시 사람 이야기로 돌아가려 합니다. 결국 도시는 사람의 삶 위에 놓여 있고, 저 역시 그 삶의 한가운데서 여기까지 걸어왔기 때문입니다.

저는 부두 노동자의 아들로 자랐습니다. 새벽 공기의 냄새와 작업복에 밴 땀 냄새가 익숙한 집에서 어린 시절을 보냈습니다. 아버지는 늘 말이 많지 않은 분이었지만, 하루의 무게를 몸으로 견디는 법을 보여주셨습니다. 일이 끝난 뒤 굳은 손으로 제 머리를 쓰다듬어 주시던 순간들을 아직도 기억합니다. 그 손은 거칠었지만, 그 안에는 분명한 책임과 사랑이 있었습니다. 저는 그 손을 보며 '사는 일'이 무엇인지 조금씩 배웠습니다.

정치는 아주 먼 세계처럼 느껴졌습니다. 거창한 구호와 텔레비전 속 언어들은 제 일상과 닿아 있지 않아 보였습니다. 다만, 삶의 작은 문제들이 해결되지 않은 채 반복되는 모습을 보며 마음속에 질문이 쌓였습니다. 왜 어떤 사람들의 하루는 늘 더 버거운가, 왜 어떤 선택은 늘 같은 사람들에게만 부담이 되는가. 그 질문들이 저를 조금씩 다른 길로 이끌었습니다.

정치인이 된다는 것은 어느 날 갑자기 정해진 일이 아니었습니다. 사람을 만나고, 이야기를 듣고, 때로는 거절당하고, 돌아서며 다시 생각하는 시간의 연속이었습니다. 그 과정에서 저는 거창한 영웅담보다 사람의 삶을 조금 덜 힘들게 만드는 선택이 얼마나 어려운 일인지 배웠습니다. 동시에 그 선택이 쌓일 때 도시의 얼굴이 바뀐다는 사실도 알게 되었습니다.

도시는 언제나 완벽하지 않습니다. 갈등이 있고, 실패가 있고, 때로는 예상과 다른 결과가 나오기도 합니다. 그럼에도 제가 도시를 이야기해 온 이유는 분명합니다. 도시는 여전히 누군가의 하루를 버텨내게 하는 공간이기 때문입니다. 출근길의 피로를 견디고, 아이의 손을 잡고 걸으며, 퇴근 후 불을 켜는 그 평범한 순간들이 도시를 살아 있게 만듭니다.

저는 정치가 모든 답을 가지고 있다고 생각하지 않습니다. 다만 정치가 해야 할 일이 있다면, 사람의 시간을 함부로 쓰지 않는 것, 그리고 삶이 쉽게 무너지지 않도록 곁을 지켜주는 것이라고 믿습니다. 도시 역시 마찬가지입니다. 더 크고 더 빠르게 가는 도시보다, 속도가 다른 사람들을 함께 품을 수 있는 도시가 오래갑니다.

이 책을 쓰며 저는 성남의 미래를 단정적으로 말하려 하지 않았습니다. 대신 어떤 기준을 지키고 싶은지, 어떤 방향으로 나아가고 싶은지를 솔직하게 기록하고자 했습니다. 부두에서 하루를 마치고 집으로 돌아오던 아버지의 뒷모습처럼, 묵묵히 제 자리를 지키는 도시. 큰 소리로 자랑하지 않아도, 필요할 때 기대어 설 수 있는 도시를 꿈꿉니다.

그리고 또 이 책을 쓰면서, 왜 그렇게 성남의 골목을 걷고, 고지대에 오르고, 공원을 지나고, 남한산성을 오르내렸는지 스스로에게 여러 번 물었습니다. 그 이유는 단순했습니다. 책상 위에서 읽는 자료가 아니라, 실제로 시민이 하루를 살아내는 높이에서 성남을 이해하고, 그 눈높이를 정책으로 옮기고, 실천하고 싶었기 때문입니다.

정책은 계획을 세우는 일이기 전에 삶에 다가서는 일이고, 불편을 통계로 정리하기 전에 현장에서 체감하는 일이며, 숫자로 결론을 내리기 전에 사람의 시간을 먼저 떠올리는 일이라고 생각합니다. 저는 성남이라는 도시가 새로운 기술과 피지컬 AI 시티의 테스트베드로서의 도전과 가능성까지 포함하여 새로운 정책을 펼 수 있는 충분한 힘과 경험을 갖고 있다고 믿습니다. 그리고 그 가능성을 말로 설명하는 사람에 머무르기보다, 실제로 작동하게 만드는 역할을 맡고 싶다는 생각이 점점 더 분명해졌습니다.

저는 여전히 큰 꿈을 꾸고 있습니다. 다만 그 꿈은 누군가를 앞서가는 꿈이 아니라, 함께 조금 더 멀리 가는 꿈입니다. 성남의 미래 역시 단숨에 완성될 수는 없을 것입니다. 그러나 시민의 삶에 가까운 정책, 사람의 속도를 존중하는 선택들이 차곡차곡 쌓인다면, 우리의 도시, 성남은 분명 더 단단해질 것이라 믿습니다. 정치인으로서의 길도, 도시를 향한 고민도 아직 끝나지 않았습니다. 이 책은 하나의 결론이라기보다, 다음 질문을 향한 중간 기록에 가깝습니다.

이 책을 덮는 순간, 독자 한 사람 한 사람이 자신이 아끼는 도시를 떠올려 주었으면 합니다. 자신이 믿고 응원하고 사랑한 도시에서 보낸 그 모든 시간들, 그 안에서 견뎌 온 하루들, 그리고 앞으로 살아가고 싶은 모습까지. 만약 이 책이 그 생각의 출발점이 되었다면, 그것으로 충분합니다. 저는 오늘도, 내일도 정책을 통해 여러분 곁으로 더 가까이 다가갈 것입니다.

임무 완료, 그리고 새로운 시작

이재명 정부의 참모로서 정무비서관의 소임을 마치고 대통령님과 마주했습니다. 국가 경영의 넓은 시야를 배웠고, 민생을 살피는 섬세함을 익혔습니다. 이제 청와대의 비전을 품고, 다시 성남의 현장으로 돌아갑니다.

김병욱의 성남 산책

초판 1쇄 2026년 2월 5일 발행

지은이 김병욱
펴낸이 김현종
기획총괄 배소라 **출판본부장** 안형태
편집 최세정 진용주 황정원 김수진 장진경
디자인 조주희 김연주 **마케팅** 김예리 신잉걸
방송사업·미래전략본부 정태준 문상철 이주리 백범선 남궁주철 김대준

펴낸곳 (주)메디치미디어
출판등록 2008년 8월 20일 제300-2008-76호
주소 서울특별시 중구 중림로7길 4
전화 02-735-3308 **팩스** 02-735-3309
이메일 medici@medicimedia.co.kr **홈페이지** medicimedia.co.kr
페이스북 medicimedia **인스타그램** medicimedia
유튜브 medici_media

ISBN 979-11-5706-527-1 (03300)